综合实践活动课程的新时代建构

总主编　成尚荣　张　华　柳夕浪

创造一个分享的世界

——综合实践活动课程案例集锦

夏心军　成尚荣　主编

河北出版传媒集团
河北教育出版社

图书在版编目（CIP）数据

创造一个分享的世界：综合实践活动课程案例集锦 / 夏心军，成尚荣主编. -- 石家庄：河北教育出版社，2020.8

（综合实践活动课程的新时代建构）

ISBN 978-7-5545-5550-7

Ⅰ. ①创… Ⅱ. ①夏… ②成… Ⅲ. ①活动课程－教案(教育)－中小学 Ⅳ. ①G632.3

中国版本图书馆CIP数据核字(2019)第267916号

创造一个分享的世界——综合实践活动课程案例集锦

CHUANGZAO YI GE FENXIANG DE SHIJIE —— ZONGHE SHIJIAN HUODONG KECHENG ANLI JIJIN

主　　编　夏心军　成尚荣

出 版 人　董素山
策　　划　张　辉　何春雅
特约编辑　高力夫
责任编辑　王　莉
装帧设计　于　越
出版发行　河北出版传媒集团
河北教育出版社　http://www.hbep.com
（石家庄市联盟路705号，050061）
排　　版　河北九易数字技术有限公司
印　　刷　石家庄联创博美印刷有限公司
开　　本　787 mm × 1092 mm　1/16
印　　张　16.25
字　　数　217千字
版　　次　2020年8月第1版
印　　次　2020年8月第1次印刷
书　　号　ISBN 978-7-5545-5550-7
定　　价　35.00元

综合实践活动课程的新时代建构

编 委 会

前言 QIANYAN

提升综合课程品质，增强学生综合素质

习近平总书记在全国教育大会上，非常鲜明地指出，“培养什么人，是教育的首要问题”。立德树人是教育的根本任务，也是教育现代化的方向目标，同时要求在“增强综合素质”等六个方面下功夫，培养学生的综合能力和创新思维。

立德树人的根本任务一定要落实在课程建设中，增强综合素质的要求一定要落实在教学活动中。2017年，教育部颁布了《中小学综合实践活动课程指导纲要》(以下简称《指导纲要》)，其目的就是要引导学生从个体生活、社会生活及其与大自然的接触中获得丰富的实践经验，形成并逐步提升对自然、社会和自我之内在联系的整体认知，具有价值体认、责任担当、问题解决、创意物化等方面的意识和能力，着力培养学生的跨学科综合素质。全国教育大会上习总书记的重要讲话，让我们更深入地思考学生综合素质的培养问题；再次审视《指导纲要》，我们应当将《指导纲要》置于教育改革发展的宏大背景下，置于落实立德树人的根本任务之中。通过认真学习和深入讨论，我们以习总书记在全国教育大会上的重要讲话为纲，对《指导纲要》

进行了深入具体的解读，在解读中进一步提升了对综合实践活动课程的价值愿景和目标的认识。我们认为应当从理论和实践相结合的角度，帮助教师提高对综合实践活动课程的理性认识，提高综合实践活动课程设计和组织实施的能力，从而全面提升综合实践活动课程的品质，增强学生的综合素质。为此，我们决定组织编写一套关于中小学综合实践活动课程的指导丛书。

值得重视的是，习总书记在讲话中，进一步明确了党和国家的教育方针，提出要努力培养德智体美劳全面发展的社会主义建设者和接班人，并强调“要在学生中弘扬劳动精神，教育引导学生崇尚劳动、尊重劳动，懂得劳动最光荣、劳动最崇高、劳动最伟大、劳动最美丽的道理，长大后能够辛勤劳动、诚实劳动、创造性劳动”。2020 年 3 月 20 日，中共中央、国务院发布《关于全面加强新时代大中小学劳动教育的意见》（以下简称《意见》），对新时代劳动教育做了顶层设计和全面部署，明确提出要充分发挥劳动的综合育人价值。劳动教育已是教育方针的重要组成部分，已纳入德智体美劳全面发展的教育体系和更高水平的人才培养体系中。2020 年 7 月 7 日，教育部印发了《大中小学劳动教育指导纲要（试行）》，明确规定将劳动教育纳入大中小学必修课程，以全面提高学生劳动素养，使学生树立正确的劳动观念，具有必备的劳动能力，培育积极的劳动精神，养成良好的劳动习惯和品质。无疑，劳动教育必须落实在课程中。

当然，《指导纲要》对劳动教育的目标、要求和内容等有明确具体的要求，《意见》发布后，我们还必须从教育方针的高度，对劳动教育进一步增强、充实，提升其意义。为此，丛书还要通过对《指导纲要》的解读，进一步将综合实践活动与劳动教育结合起来，以劳动教育为重点，凸显劳动教育的统领性。这样，指导用书的方向更鲜明，关系更明晰，更具时代感。

加强劳动教育与综合实践活动，培养学生的综合素质，是国际基础教育课程改革的共同走向。我们必须有更开放的胸怀，更宽阔的视野，尊重和吸纳国际课程改革的理论与经验，丰富自己。与此同时，我们又必须将劳动教育与综合实践活动课程的设计、实施、资源开发等，深植于中华传统文化中，扎根中国大地，体现新时代中国特色和中国经验，丛书名称中的“新时代建构”体现的正是这一价值定位和追求。

综合实践活动是落实立德树人根本任务的课程形态、具体途径和实现方式，丛书的根本目的是探索综合育人、实践育人、活动育人的规律和特点，其目标是指导教师创造性地落实《指导纲要》，以学生为主体，以变革学习方式为重点，培养学生的创新精神，增强想象力、实践力、创造力，让学生在综合实践活动中站立起来，为培养时代新人夯实基础。

从育人这一根本目的和任务出发，我们又确定了丛书编写的原则：既要提升认识，又要指导实践，两者要结合好、融通好，而且要解读准，说得明，指导得具体、切实；既要整体设计，又要突出重点，整体设计在于有框架意识、宏观思维，突出重点在于让教师把握要点，以求突破，形成特色；既要指导中小学教师设计、开展综合实践活动，又要有利于教研、科研等方面的专家拓展理论视野。根据编写宗旨与原则，丛书基本形成了科学、有用、亲切、有趣等特色。

为了达到预期的效果，编委会邀请张华、柳夕浪等知名专家、学者担纲，以提升丛书的权威性、科学性，搭建一个更高的平台，在更高层次、更大范围内进行对话。丛书共有十册，分别为:《〈中小学综合实践活动课程指导纲要〉解读——44个问答》，柳夕浪主编;《综合实践活动课程的国际视野》，张华著;《综合实践活动课程的理论视野》，张紫屏著;《考察探究与设计制作》，高振宇、包新中著;《社会服务与职业体验》，杨燕燕、仲建维著;《数字时代的创造性学习——创客教育理论》，钱旭鸯著;《数字时代的创造性学习——创客教育实践》，谢作如、刘正云、张敬云著;《综合实践活动课程的评价与管理》，戎庭伟、张馨月编著;《原来就在你身边——综合实践活动课程的资源开发》，张晓东、杨健主编;《创造一个分享的世界——综合实践活动课程案例集锦》，夏心军、成尚荣主编。

非常感谢河北教育出版社领导和编辑的重视、支持和辛勤工作，他们的视野、创意、品质、作风值得我们学习。尤其要感谢张辉副总编辑、特约编辑高力夫、地方教材编辑室主任何春雅以及各册责任编辑，他们为本套丛书的出版付出了诸多辛劳。

综合实践活动课程是国家课程，对培养有理想、有本领、有担当的时代新人，让他们成为社会主义的建设者和接班人，有着重要的价值、意义，相信这套丛书对推进综合实践活动课程的实施，推动劳动教育，会发挥积极的作用。

2020年7月

目　录

第一章

综合实践活动案例综述

综合实践活动课程实施以来，一直是课程改革的热点，有的人津津乐道，主要是因为该课程是第八次课程改革的亮点；有的人为之纠结，主要缘由是在课程实施过程中一直找不准方向；也有人不知所措，主要是不知道如何达成课程目标……但无论如何，综合实践活动课程还是一直向前推进着，其主要动因就是综合实践活动课程以其独有的方式融入了基础教育课程体系里，以多样化的教育呈现融入了师生的教育活动过程中。

自 2017 年 9 月 25 日《中小学综合实践活动课程指导纲要》发布以来，综合实践活动课程如何在中小学有效落实成为我国现代教育语境下面临的重要话题，而综合实践活动课程案例作为广大教师喜闻乐见的一种教育研究方式，必将在课程实践中产生积极的引导和借鉴作用，帮助教师在教育教学活动过程中少走弯路，找到正确的教育教学方式和路径。

一、什么是案例

在教育生活中，很多教师愿意通过具体的案例直观地呈现自己的教育理解和教育思考，通过典型案例分析教育现象，拓展教育思考空间。案例是教育生活中不可或缺的重要组成部分，为了论述方便，以下所称案例，均指在教育生活中已经发生，并能对后续的教育生活产生影响的事实性事件。事件发生过程中的环节或案例本身可以对他人的教育、教学生活产生借鉴或指导作用，帮助他人在类似情境或实践中有效转化，成为自己理想的教育资源。

案例在教育生活中是广大教师喜闻乐见的一种教育研究方式，可以对教育生活本体性研究产生积极的引导和借鉴作用，帮助教师在教育教学活动过程中少走弯路，找到正确的教育教学方式和路径。人们常常把案例作为一种工具进行说服，进行思考，进行教育。案例应该能够培养案例使用者，使其具备形成多元化观点的能力，即：通过向使用者展示这些真正的、具体的事例，促使他们对问题进行相当深入的分析和讨论，并考虑最后应采取什么样的行动。

1. 案例与故事

案例是发生在真实的教育情境中、蕴涵一定的教育道理、能启发人思考且具有一定典型性的教育故事，是在教育实践中形成的具有经验性和指向性的教育事件。它是人们所经历的事件当中的有意截取，是真实的，不能杜撰。它可以是自己经历过的，也可以是看到的、听到的。而故事则是通过有寓意的事件向他人传播主张的一种问题表达方式，是人为加工形成、有较强情节性的事件。案例与故事是交互发展的，故事的情节性可对案例的价值发掘产生重要的推动作用，呈现出鲜活的故事情景，令人信服。案例注重价值挖掘，而故事注重情节。能够成为案例的事件，必须包含问题或疑难情境在内，并且也可能包含解决问题的方法在内。正因为这一点，案例才成为一种独特的研究成果的表现形式。

2. 案例与讲述

案例在教育生活中有自己的教育环境、主题和主体，是基于仔细而认真的研究形成的教育表达，这显示了其静态性，展现了案例的客观性。讲述是案例的立体再现，既可以用第一人称、也可以用第三人称进行有效表达，但讲述明显带有讲述者的主观判断和价值取向，讲述的重点问题就是可信度。

3. 案例与活动

案例本身就是对典型教育活动的一种记录或描述，是对活动进行的理性描述和呈现。活动是案例的本体，对案例有一定的解释作用，活动内容越具体，案例就越完善。只有围绕主题对活动各环节的重点进行有效设计，才能准确表达活动的价值和案例设计的初衷。案例不是坐在轮椅上的学问。综合实践活动课程案例是基于教育实践的成果样态，源于教育实践，服务于教育实践，有其特有的生活原型和规范。

4. 案例与论文

与教学论文相比，教学案例在文体和表达方式上以记录为目的，以记叙为主，兼有议论和说明；在思维方式上是一个从具体到抽象的过程，通过对生动的教学“故事”的描述，通过对具体的学生、教师心理感受的描述，反思、总结教学的利弊得失。

二、案例的价值和意义

案例是为一线教师探寻教育实践的基本样式和可行路径，是对教育生活的有效再现。它根据主题对实践活动的发生与发展过程进行翔实描述，充分展现实践过程中的所思所想，并描述活动后的思考。

1. 案例的基本特性

案例作为教学成果的重要例证，对教学改革有着重要的指向性，在实践过程中有着很强的特性。案例是一种特殊的教学资源，案例教学以案例中的问题为起点，以问题表征和问题解决为指向，由此达到学生知识建构的目标。案例建立在真实性的基础上，具有以下特征：

（1）示范性。示范性主要是指案例作为教学活动的标准样态，对其他教师从事同样的教学活动、采用同样的教学方式有着较强的榜样和示范作用，可以帮助同行从案例中了解活动的基本流程和方式，掌握主题的达成路径，建构解决问题的有效机制。

（2）典型性。典型性是指案例在教育视域有着重要的指向性和代表性，要了解其发展变化的某些线索和特点，需要在此基础上制定并施行一些积极的教育和改进措施，以促进研究对象的发展。个体都具有特殊性，同时也具有共性。要对案例进行全面深入的了解，分析问题产生的原因，从而提出具有针对性的解决方案，最终促进个案的发展。

（3）操作性。操作性是指案例从具体的行为、特征、指标上对变量操作进行描述，将抽象的概念转换成可观测、可检验的项目实践标本，或者按照一定的规范和要领操纵动作。教学过程中总是会出现难以选择的困境和复杂的、棘手的情景，优秀案例则大大缩短了教学情境与实际生活情境的差距，致力于以科学的研究手段解决教师在教学中遇到的实际问题。它紧密结合教学的实际，从小处、细处、实处捕捉问题，具有较强的可操作性。

（4）鲜活性。鲜活性是指当面临解决问题或做出决策的情境时，人们可以从案例中提取出和当前情境有关的信息。案例的鲜活性保证了案例教学与实践的密切结合。正确使用案例就是最大限度地还原案例的真实，感受案例的智慧和经验教训，不盲从、不迷信，敬畏案例的发展经验和实践效益。同时，要设身处地从实际的教学场景出发，设想可能遇到的种种障碍、自己有可能产生的种种偏见以及解决问题的多种可能方案。

（5）活动性。活动性是指案例不仅是活动流程的记述，更是基于主题进行的活动规划和组织，要确保学生和教师在活动过程中形成教育认知和教育理解，在活动过程中彰显案例的主旨。综合实践活动课程案例应以学生活动为主线、教师指导为辅线。同时，综合实践活动课程案例应彰显活动的整体性。活动过程是综合实践活动课程的重要资源，但案例不是活动缩影，也不是支离破碎的活动集锦，而是基于主题的整个活动过程。

2. 案例的教育价值与意义

（1）引领、推动课程改革。案例是课改过程中难得的经验留存，在课程实施过程中对某个特殊的教学案例进行独特深入的分析，可为人们分析教学问题、看待课程改革提供一个新的视角，引发人们进行更多的思考并从中得到启发。要通过典型性的案例来研究某个教育问题，我们首先得找出能体现出该问题的一般个体或群体，然后再从这些一般个体或群体中选出个性鲜明、与众不同的“特殊一员”，进而展开深入的研究。研究教学、促进教学改革的核心是教学案例研究，同时教学案例也是教师进行教学研究的主要内容。

（2）促进教师专业成长。案例是促进教师专业化发展的重要活动载体，案例分析是沟通教育理论与实践的桥梁，可以缩短教育理论与教学实践的距离。学习者通过对案例进行深入分析和讨论，可为自己将来更好地从事教育教学实践奠定基础。案例可帮助学习者深入了解教学的复杂性，并在积极的思考中揭示隐藏在表面情形背后的更深层次的问题。学习者积极地参与案例分析越多，案例分析的技巧就越熟练，分析问题的能力也会随之提高和发展。

（3）有助于教师教育研究方式的创新。教学研究能力是教师必须具备的一种能力。案例研究作为贴近教师教育生活和研究能力且容易操作的一种研究样式，不仅为教师提供了研究教育问题的机会以及发展研究教育问题的意识和能力，还为教师提出了他人的困惑甚至是还没有明确的问题，教师可以运用他人还没有运用过的策略和方法解决问题，或在此基础上提出新的假说。这些都可以使学习者产生学习兴趣，进而阅读资料、选取信息，从而总结规律，提高分析问题、解决问题的能力。

（4）有助于创造一个分享的教育世界。案例成为当前中小学教师比较热衷的研究资源，案例研究为教师将自己成功的教育实践与他人进行教育分享创造了机会。首先，案例资源具有丰富性。随着现代信息技术的发展，案例在教师教育生活中随处可见，这有利于教师根据自己的教学要求和教学设计进行有效选择与有机整合。其次，案例具有可观察性。案例是教育实践活动的再现，它不仅是学习的样本，更是分享的资源。通过有效分享，可以帮助教师进一步观察教学的实然与应然，增强教师解决问题的能力，使他们更有能力面对教学中存在的一系列问题。

三、如何撰写综合实践活动课程案例

撰写综合实践活动课程案例首先要深入调查研究，要在实践的基础之上，基于实践的经验，既要比较详细地描述学生的活动情况与活动过程，又要尽可能地体现指导教师的思考与建议。撰写综合实践活动课程案例的过程就是重新认识综合实践活动的过程，也是反思研究和总结提高的过程。

1. 活动的规划与设计

综合实践活动的规划与设计是有效开展活动的前提与基础。活动规划是对活动整体性、长期性、基本性问题的思考和考量，是基于一定的规则和要求，从战略层面进行系统思考，在战术层面进行有效设计。具体而言，活动规划就是对活动进行有效定位，从活动本体的特征、参与者的活动能力、活动的教育目标、教育资源有机统整、活动实施策略的可行性等方面进行系统建构。活动设计是教师提前完成的实施活动过程的“蓝本”，是具体落实规划的重要步骤，是对活动资源和活动方式进行有机建构的过程，也是教师的课程理解力和指导活动实施能力的反映。综合实践活动的规划与设计要凸显综合性。

2. 活动材料的收集与梳理

翔实的材料是撰写案例的基础，材料的整理和重构则对增强案例的信度和影响有一定的促进作用。首先，材料要具有真实性。案例中的材料必须源于真实的综合实践活动，源于师生在活动过程中的实践经验，要忠于教育实践。其次，要写自己认为有重要意义的活动经历或活动故事。活动材料不要事无巨细都罗列进去，而必须要围绕主题，对表达案例的主旨思想有一定的促进作用。再次，要善于捕捉活动过程中的“亮点”。案例是生活中客观存在的事件，要注意从众多的细节中进行系统化整理，使其条块清晰，形成结构合理、主题鲜明的典型案例。

3. 活动的组织与实施

综合实践活动的组织与实施是案例撰写的主体。活动组织主要包括组织架构和主体、组织目的和价值、组织方式与途径、组织样态和预期，活动组织是开展活动的基础。活动的组织与实施是对活动规划与设计的贯彻执行，既要关注实施方式和设计流程的一致，也要关注收集的资料、信息、数据，并对其进行分析和加工，解决规划与设计中原先未涉及的问题，关注学生的理解水平，关注活动内容的主线。

4. 活动的概括与提炼

活动实施后对学生的学习方式和问题解决有什么教育意义，案例在学科建设中的价值、地位和影响都是应该关注的。因此，加强对活动的概括与提炼是案例撰写的应然指向。概括主要是在分析、综合、比较的基础上，对活动过程、活动方式、活动内容进行总结，把案例的本质特征与其他属性分离开来，把本质特征提到首要的地位加以认识并形成自己的经验。提炼是对案例经验的再探索，是通过对经验进行加工整理后形成的文字，常见的有调查报告、实验报告、经验总结以及小论文等。无论提炼为哪种类型的报告，都要有自己的教育观点和教育主张。

四、综合实践活动课程案例的基本体例

案例不仅要说明活动的思路、描述活动的过程，还要交代活动的结果，即这种活动开展的即时效果，包括学生的反应和教师的感受等。读者知道了结果，将有助于加深对整个过程内涵的了解。因此，规范案例

撰写的基本体例是有效呈现案例价值的重要保障。

1. 案例标题

首先要考虑本案例想解决什么问题，是想激发学生参加活动的兴趣，还是强调活动的目标和价值，或者是直接指向活动内容等等，动笔前要有一个比较明确的想法。案例的标题应当采用中性的词语，主要目的是给案例使用者提供活动参考的素材：一是白描型题目。这类题目没有价值与情感倾向，只是对案例的总体性描述，使学习者可以从多维视角予以关注或切入。二是揭示型题目。这类题目往往是通过一句经典的话或一个关键词语来表达整篇案例的核心价值取向，以此透露教学案例的基本信息，便于学习者通过题目了解案例的核心价值。

2. 活动背景

活动背景包含了案例需解决的问题，它关系到活动的核心理念及困扰事件，要富有时代性，体现改革精神。活动背景主要叙述案例发生的起因、时间、地点的基本情况，还可包括学生的认知水平和思维特点、活动环境与当前社会热点等。这些内容不必面面俱到，只需提纲挈领叙述清楚即可。

3. 目标与价值

活动目标与价值定位是综合实践活动有序推进的重要保障，对活动的目标和价值进行准确定位，可有效提升课程质量。建议从以下两个方面进行考虑分析：一是活动对学生核心素养的关照。即努力提升学生综合运用各学科知识认识、分析和解决现实问题的能力，提升综合素质，着力发展核心素养，特别是社会责任感、创新精神和实践能力，以适应快速变化的社会生活、职业世界和个人自主发展的需要，迎接信息时代和知识社会的挑战。具体来说，就是以学生为核心，实现学生与自然的关系、学生与他人和社会的关系、学生与自我关系的均衡与整合，旨在满足学生成长的客观需要，发展学生的创新精神和实践能力，最终促使学生个性健全发展。二是活动对课程改革的价值。案例作为综合实践活动课程的典型样本，不仅丰富了课程资源，优化了课程实施方式，改进了课程推进的保障基础，还有助于挖掘出更多符合综合实践活动课程理念的课程资源，据此提出具体、可行的开发项目。

4. 活动准备

活动准备是案例的重要前提，没有这些准备将会导致活动过程混乱无条理，影响活动效果。活动准备包括：（1）学生准备。学生在活动开展前应进行必要的准备活动，以为后续活动的顺利开展打好基础，如搜集相关资料、学习相关知识等。（2）教师准备。首先是活动设计，任何活动的有效推进必须基于学生的学情，活动设计要基于学生对活动主题的理解和相关知识的掌握，并能形成指向性活动价值取向。因此，要从学生的学科知识及相关知识储备、动手能力、实践方式诸方面进行系统考虑，为解决问题做好积极准备。教师除了必要的活动设计准备，还要基于活动目标对必要的物化资源进行逐一落实，特别是走出课堂、走出学校的一些综合实践活动，牵涉的物化资源要求更高。因此，教师必须加强资源的有效统整，提升综合实践活动课程资源的针对性和保障性。

5. 活动过程

活动过程是案例的主体，主要是将综合实践活动分成几个重要的活动板块，像讲故事一样原原本本地、具体生动地把每一板块描绘出来。本书所有案例都力求通过巧妙的事件描述，把问题寓于情节中、本质寓于现象中。

活动过程的结构性呈现是案例的重要特征。由于不同案例都有自己的价值定位和目标，有不同的内容呈现和推进方式，因此会产生不同的结构表达方式。活动结构有横向结构和纵向结构之分，横向结构主要以活动主体的活动方式为基点对活动进行有效建构，纵向结构主要以活动内容的推进方式为基点进行建构。结构性呈现有利于优化案例的教育张力，使得读者清晰地掌握活动发展的基本脉络，寻求教育拓展的思路，发掘可再用的教育资源，提升案例对综合实践活动课程实施的贡献。

首先，活动过程应关注学生的学习经验留存。即关注与学生的适切性，关注学生在活动过程中知识、能力、情感和态度的发展，关注学生在实践活动中如何得到有益成长以及提升学习能力的实效。

其次，活动过程要有一个中心论题。要突出一个主题，如果是多个主题的话，叙述就会显得杂乱无章，难以把握住活动进程的主线。同时，还要注意不要过分地渲染自己的个人情绪或情感，以免使案例的重心发生偏移。

此外，案例提供的各种信息应该是准确的、纪实性的，包括与案例相关的背景材料特别是第一手资料，也应对其做具体的陈述，因为背景材料中往往交代了问题发生的场景，隐含着问题形成的某些重要的原因。但要注意的是，背景材料的叙述不应该影响到对主要问题实质的把握。

总之，整个活动要体现有效解决问题的思路，其中包含着解决问题的详细过程，这也是案例写作的重点。

6. 活动建议

活动建议是教师结合有关的教育理论来诠释实践活动，针对描述的活动情景谈个人感受或是进行理论的说明，反思自己的指导理念、指导过程、指导行为，来促进教师自身的专业发展和教育水平的提升。同时，也有助于发挥案例的辐射性和指导功能，给予其他实践者较为专业的教育建议，实现案例教育意义的最大化。撰写活动建议时，可运用教育理论对案例进行多角度的解读，包括对活动指导行为进行技术分析，对综合实践活动实录以及活动背后的资料等做理论上的分析，对活动中出现的一些教育现象所隐含的丰富教育思想加以阐释等。分析方法可以针对描述中提出的某一个问题，从几个方面加以分析；也可以针对描述中的几个问题，集中从一个方面加以分析。

第二章

考察探究案例选

考察探究不仅仅是一种活动方式，更是一种课程形态。考察探究活动是学生对生活的世界进行的系统反思和研究，其实施过程也是在生活的真实情境中进行的，最终目的也是为了更好地服务于当前的生活，并为未来生活做好铺垫和准备。

在考察探究活动中，学生基于自身兴趣，从自然、社会和自身生活中发现并提出问题，确定主题，综合运用所学知识和多种方式方法分析问题、解决问题，改变了过去以单纯地接受教师传授知识为主的学习方式，提高了解决实际问题的能力，尤其在形成科学精神方面具有独特价值和重要作用。教师的作用是指导学生设定活动目标，不仅包括学科知识的综合运用、探究能力的习得与发展，也包括特定情感态度价值观的形成与深化，并按照这些预设或生成的目标开展系列探究活动。

第一节　生活常识

案例一　学会购物

▶ 活动背景

购物是人们生活中必不可少的一部分，也是学生需要掌握的生活技能。本活动基于学生的直接经验，密切联系学生的自身生活和社会生活，旨在让学生在活动中掌握一些购物技巧，学会一些购物方法，能够辨别商品质量，购买到物美价廉的商品，树立理性消费、合理维权的意识。

▶ 目标与价值

1. 通过活动引导学生初步掌握购物的基本常识，学会购买物美价廉的商品，树立理性消费、合理维权的意识。

2. 培养学生搜集、整理、分析、应用信息的能力。

3. 培养学生发现问题、解决问题的能力，以及与人交往、沟通、合作的能力。

▶ 活动准备

学生：通过资料的搜集，学习购物常识。

教师：①准备多媒体设备、印制购物计划表。②收集一些商品标牌、有包装的商品、散装生鲜食品等。

▶ 活动过程

活动一　交流与讨论

（一）问题

1. 购物前要做哪些准备工作？

2. 如何制订购物计划或方案？

（二）步骤

1. 创设情境，引出课题。

（1）课始播放人们购物的短片。

（2）引导学生交流购物经验：同学们在生活中有过购物经历吗？谁来跟大家分享一下，购买的什么物品，是如何挑选的？

（3）购物前要做好哪些准备工作呢？引导学生讨论如何制订购物方案。

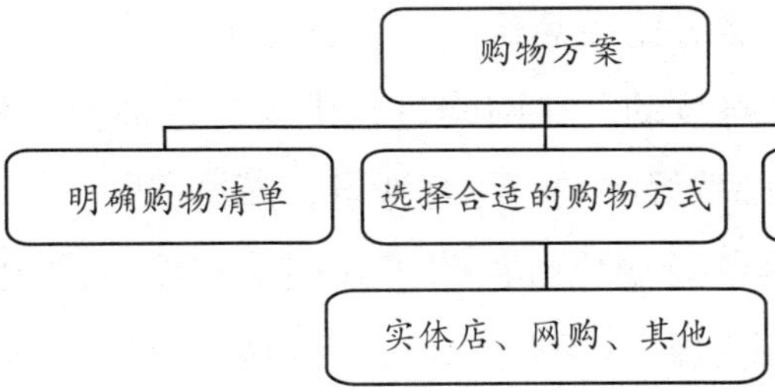

图 2–1　购物方案

2. 列出购物清单。

（1）引导学生思考交流：确定购物清单时要考虑哪些方面？如何做到理性消费？讨论交流后列出各自的购物清单。

表 2–1　购物清单

采购者：　　购物时间：　　购买地点、方式：			
购买物品名称	单价	数量	金额

（2）引导学生思考讨论：购买的物品是否一定要是名牌？

小结：要购买适合自己的、物美价廉的商品；根据需要去买，量力而行；要注意为家人节省开支。

3. 在老师或者家长的带领下进行一次购物体验。

活动二　实践与探究

（一）问题

1. 怎样鉴别商品质量?

2. 有哪些商品质量标志，其含义是什么?

（二）步骤

1. 各小组交流讨论：如何才能选购到物美价廉的商品?

小结：在实体店购物要对比商品价格，货比三家。关注商场的打折活动，细心留意商品的价格波动。在网购过程中要考虑商家的信用、客户的评价、商品的销量及邮费等问题，综合考量，谨慎选购。

购买新鲜食品要观察色泽变化等；购买家用电器要查看生产厂家、厂址、保修期限；买书要看页码是否有残缺、字迹是否清楚……

2. 选购有包装的商品。

（1）教师实物投影展出袋装商品。

（2）小组交流如何选购。

（3）视频展示有包装商品的选购方法。

小结：购买有包装的商品时要认清包装上的标识、生产日期、保质期、成分等。

（4）认识几种常见的产品质量认证标志，说说它们的含义。

图 2-2　产品质量认证标志

（5）学生补充介绍其他商品质量认证标志及其含义。

3. 选购裸装、散装食品。

（1）教师实物投影部分蔬菜、肉类等散装食品。

（2）小组讨论交流选购方法。

（3）视频播放鉴别裸装食品的方法。让学生学会运用看、闻、尝、摸等方法鉴别食品。

4. 选购知识大考验，以小组为单位进行安全选购答题比赛。

5. 鉴别师生带来的商品是否属于安全购买。

小结：鉴别商品的质量是我们购物时不可或缺的重要环节。只有知晓了商品质量，我们才可以放心地购买，买来才敢放心使用。

6. 购物结账时要注意什么？学生讨论交流。

小结：核对钱物，索要发票。网络购物尽量选择第三方支付，在安全的网络中进行支付；不随意点击支付链接；选购带有运费险的商品，看好退换货的要求，以减少购物带来的损失。

活动三　拓展与延伸

（一）问题

1. 买到假冒伪劣产品怎样维权？

2. 有哪些购物小妙招？

（二）步骤

1. 交流讨论。

（1）买到伪劣产品怎么办？

小结：要维护自己的合法权益，展开维权行动。另外，购物发票和凭证是向商家维权的佐证，要及时索要并妥善保存。

（2）有哪些购物维权的方法和途径？

小结：①联系商家进行协商。②拨打 12315 消费者投诉举报专线电话进行调节。③借助购物平台进行投诉。

2. 活动拓展。购物中遇到不懂的问题怎么办？

小结：向长辈及专业人员请教，通过网络书籍查阅学习。

3. 小组内分享自己搜集到的购物小妙招。

▶ 活动建议

1. 本活动的校内实践部分建议三课时完成。第一课时通过创设问题情境，引出讨论话题，引导学生做好购物准备。另外安排半天时间，带领同学们走进商场、超市等体验购物生活。第二课时组织学生交流整理信息、展示各组的研究成果，通过实践交流学会选购物美价廉的商品。第三课时，引导学生学会维权，学会生活，学会学习，学会解决生活中遇到的各种问题，学会使用法律武器保障自己的权利。

2. 在活动中，对外出参观访问和实地调查的学生，要提前做好组织保障工作，加强安全和礼仪常识教育。在“制订购物方案”环节，要从生活实际需要出发，选择合适的购物方式，避免盲目购物造成浪费。在“实践与探究”环节，建议按购物类别分组研究，学生可以通过查阅资料、调查访问、实地考察等实践方式自主研究，再在全班交流汇报，实现资源共享。

3. 购物活动跟我们的衣食住行紧密相连，让学生掌握一些选购商品的小技巧是非常有必要的。要引导学生从小养成正确的消费观念，学会用法律武器维护自己的权益，形成法治观念。

（本案例设计：孙向丽）

案例二　用简易手段检测乳酸菌的活性

▶ 活动背景

现实生活中，牛奶、酸奶已经成了我们餐桌上常见的食物，如何判断乳酸菌的活性、判断酸奶的营养价值，成了大家关心的话题。本主题与学生的生活息息相关，从学生自身生活中选择和确定研究主题，开展探究活动，让学生在观察、记录和思考中主动获取知识，分析解决问题，并注重运用实验法获取材料，形成理性思维，培养批判质疑和勇于探究的精神。

▶ 目标与价值

1. 通过活动引导学生初步了解乳酸菌的相关知识，学会购买乳制品。

2. 提高学生搜集、整理、分析、应用信息的能力，注重对学生进行生活技能的培养。

3. 培养学生发现并解决问题的能力及与人交往、沟通、合作的能力。

▶ 活动准备

学生：①观察乳制品的外包装，细读产品说明。②以组为单位，准备乳制品、试纸、小苏打等实验用品。

教师：①准备好多媒体、实物投影仪、视频，印制好表格。②准备多种品牌的乳制品、一次性品尝杯、吸管、试纸、小苏打等实验用品。

▶ 活动过程

活动一　交流与讨论

（一）问题

1. 乳酸菌是什么?

2. 乳酸菌有什么作用?

（二）步骤

1. 创设情境，引出主题。

（1）教师出示两瓶酸奶，请两名学生依次品尝，然后分别说说两瓶酸奶味道的差异。

（2）教师引出话题：为什么看起来一样的酸奶酸度差别这么大？不同的酸度对酸奶的饮用价值有影响吗？日常生活中我们选择饮用什么样的酸奶更健康呢？这些问题的答案将在本次活动中由你们亲自去探究。

（3）揭示活动主题——“用简易手段检测乳酸菌的活性”。

2. 自主探究，方法引领。

（1）学生通过查阅文献，认识酸奶和乳酸菌。

（2）学生交流自主学习成果。包括：①酸奶是由哪种细菌发酵制成的；②乳酸菌的作用；③乳酸菌是怎样把纯奶变成酸奶的。

（3）教师小结：两瓶酸奶的酸度差异这么大，原来是乳酸菌在作怪。酸奶在贮存过程中，其中的乳酸菌仍能利用残存的乳糖进行缓慢发酵，产生乳酸，使酸奶的酸度增加，而乳酸的过量聚集又会导致乳酸菌数量的降低。

（4）教师板书：酸度？乳酸菌活性？再次引出话题：由于乳酸菌的生长受酸度的影响，因此，酸度与乳酸菌数的多少有一定的关系，一般乳酸菌活菌数越少，其酸度越高，但不是呈现正比关系。由酸度的高低可以粗略判断乳酸菌数的多少，由于酸度易测得，因此在实际应用中有一定的意义。我们可以用品尝酸度的方法粗略检测酸奶中乳酸菌的活性。同学们还知道其他判断酸奶的酸度，从而检测乳酸菌活性的方法吗？

（5）学生讨论并交流检测乳酸菌活性的方法。

①试纸法；②闻气味法；③加入小苏打法；④看黏度法；⑤品尝法；⑥观察法。

3. 选择方法，制订计划。

（1）各小组讨论，确定研究方法。

（2）参考样表（见表 2–2）制订实验计划。

表 2–2 实验计划

课题名称		实验时间	
实验人员		实验地点	
实验目的			
实验用品			
实验步骤			

（3）分组交流，进一步完善实验计划。

活动二　实践与探究

（一）问题

1. 实验研究的一般流程是什么？

2. 怎样做对比实验？

3. 实验报告包括哪些内容？

（二）步骤

1. PPT 出示实验方法及材料。

1 组：品尝法，同一生产日期、不同品牌的酸奶。

2 组：小苏打法，同一品牌、不同生产日期的酸奶。

3 组：试纸法，不同口味的酸奶。

4 组：闻气味，同一品牌、同一生产日期不同储存温度的酸奶。

5 组：黏度法，不同奶源的酸奶。

6 组：观察法，观察酸乳、发酵乳、风味酸乳、风味发酵乳、乳酸菌饮料等。

2. 各组根据本组的实验方法选择合适的实验材料。

3. 按照实验计划检测本组酸奶的乳酸菌活性，并完成实验报告。

表 2–3　实验报告

课题名称		实验时间	
实验人员		实验地点	
实验目的			
实验用品			
实验步骤			
实验现象、数据及分析			
实验结论			
指导教师意见			

4. 展评各组的实验报告。

5. 实验结果汇总如下：

①同一生产日期、不同品牌的酸奶酸度有些许差异，但总体都是可接受的酸度。我们判断，酸奶中乳酸菌的活性都保持得较好。所以，酸奶的品牌不是我们购买酸奶时首要考虑的因素。

②同一品牌、不同生产日期的酸奶，放置时间越长，酸度越大，说明乳酸菌的活性降低。因此我们应尽量购买生产日期最近的酸奶。

③不同口味的酸奶酸度差异不大，乳酸菌活性也应接近，按照自己的喜好购买即可。

④同一品牌、同一生产日期的酸奶，在常温下储存比在冷藏条件下储存酸度大很多。因此，应通过正规渠道购买酸奶，从冷藏货架上选购（经过巴氏杀菌热处理的常温酸奶已不含活的乳酸菌）。酸奶买回来以后要及时喝掉，如果有剩余一定要放入冰箱冷藏保存。

⑤不同奶源的酸奶酸度是差不多的，乳酸菌活性也应差不多。

⑥酸乳只含有嗜热链球菌和保加利亚乳杆菌这两种最常见的乳酸菌，常见的发酵乳含有的菌种比酸乳多，而风味酸乳或风味发酵乳中添加的水果不如自己加入的新鲜水果好。非活性乳酸菌饮料是杀菌型饮料，其中的乳酸菌都已死亡，达不到补充益生菌的目的，不建议大家购买。

6. 学生讨论、交流：从实验结果中得到了哪些启发？

小结：①家庭中可以用简单的方法来检测乳酸菌的活性；②乳酸菌制品必须冷藏；③尽量不要喝含糖分高的乳酸菌饮料……

活动三　拓展与延伸

（一）问题

如何制作酸奶？

（二）步骤

1. 播放家庭制作酸奶的视频。

2. 尝试自己制作酸奶。

▶ 活动建议

1. 本活动建议两课时完成。第一课时通过创设情境激发学生对生活中的现象进行探究的兴趣，引导学生学习研究方法。第二课时通过指导学生进行小组实验，得出研究结果。

2. 本活动引导学生初步了解乳酸菌的相关知识，学会购买乳制品。在活动一的“自主探究，方法引领”环节，教师可以让学生学习用酸奶机自己制作酸奶，让学生观察哪些材料是制作酸奶不可缺少的，从而了解乳酸菌的知识。在活动二的实验环节，为了保证实验的顺利进行，建议实验用品由教师统一准备。学生根据闻、品、看等方式来区别各种酸奶的差异，完成实验报告。

3. 青少年对于酸奶可以说是“情有独钟”，目前市场上酸奶制品的品种各式各样，哪些才是适合青少年饮用、对身体有益的，这是一个值得研究的小课题。所以，这样的一个活动主题是深受学生喜爱的，学生在活动中也能表现出极大的热情。

（本案例设计：杨金珍　刘卫）

案例三　有用的标志

▶ 活动背景

标志是表明特征的记号或事物，存在于生活的各个角落，时刻指示、引导着我们的生活，在生活中起着重要的作用。但是对于懵懂的学生来说，有时候会因为没能注意到标志，或者不明白标志所表达的意思，导致发生意外甚至是危险。相反，如果我们多认识一些标志，说不定在关键时候还能救人性命。比如：当乘坐扶手电梯发生紧急情况时，如果可以认识电梯上的标志，立即按下紧急停止按钮，可避免造成人员伤亡。

▶ 目标与价值

1. 让学生认识生活中一些常见的标志，懂得各种标志所表示的意思。

2. 培养学生收集、处理信息的能力，进行发散思维训练，培养创新意识。

3. 通过互相合作、互相学习，使学生学会与他人共处，与他人分享研究成果。

▶ 活动准备

学生：①在日常生活中注意观察，收集一些有关标志的资料。②了解标志的功能，做好在班内交流的准备。

教师：收集与标志相关的资料，选择合适标准将常见标志分类。

▶ 活动过程

活动一 认识交通标志

（一）问题

1. 马路上有哪些标志？

2. 马路上的标志有什么含义？

（二）步骤

1. 引导学生出示收集的交通标志。马路上除了车多人多，还有许多的标志，揭题——“认识交通标志”。

2. 组织学生交流课前收集的交通标志图片。以小组为单位，每人将自己收集到的有关标志的资料进行整理，填好标志收集表，然后选择3—4名同学代表小组交流。表格样式如下：

表 2-4 标志收集表（一）

标志名称		图片（剪贴、照片、手绘均可）：
收集地点		
标志含义		

3. 找出相似的交通标志，帮助大家区别。如下图：

图 2–3　相似的标志

4. 引导学生按照标志的颜色给交通标志分类。

（1）关注标志的颜色（红色、黄色、蓝色、绿色）。

（2）讨论各种颜色的含义。

小结：中华人民共和国国家标准《安全色》规定，所谓安全色，即：传递安全信息含义的颜色，包括红、黄、蓝、绿四种颜色，红色用于各种禁止标志、交通禁令标志、设备消防标志等，黄色用于各种警告标志、道路交通标志和标线中警告标志等，蓝色用于各种指令标志等，绿色用于各种提示标志等。

5. 拓宽研究的范围。

（1）除了马路上，在其他公共场所也能见到很多标志，激励学生继续收集生活中的标志。

（2）小组内分工合作，填好标志收集表。

活动二　了解并推广生活中的标志

（一）问题

1. 生活中的标志有哪些分类？

2. 怎样利用学校平台宣传标志的作用？怎样倡导大家主动认识更多的标志、更好地运用标志？

（二）步骤

1. 展示收集的生活中的标志。

（1）在飞速发展的现代社会，各种各样的标志应用广泛，在生活中随处可见。引导学生分组展示收集来的标志。

表 2-5　标志收集表（二）

标志名称		图片（剪贴、照片、手绘均可）：
收集地点		
标志含义		

（2）对展示的标志进行投票，选出在生活中比较重要的标志。（引导学生关注涉及人身安全和公共秩序的标志）

2. 选择角度给标志分类。

（1）按颜色分类：红色、黄色、蓝色、绿色……

（2）按形状分类：圆形、方形、三角形……

（3）按作用分类：引导、指示、识别……

3. 宣传标志，广为人知。

（1）制作《认识标志》PPT，在全校推广，让师生认识更多有用的标志。

（2）在教师的帮助下，编辑以标志为主题的文章，利用学校微信公众号平台，推送到家长及朋友的手机上。

（3）制作以标志为主题的海报，送到社区展示，向邻居、朋友宣传标志，让更多的人了解标志、运用标志，遵守社会公德。

活动三　拓展与创新

（一）问题

1. 生活中还有哪些地方欠缺标志？

2. 怎样设计新的标志？

（二）步骤

1. 查找欠缺。

（1）通过前面两个活动，同学们认识了许多标志，还了解到这些标志的来历、作用。标志，这种形象直观的符号能给我们的生活带来很多方便。接下来，请大家想一想，在生活当中，还有哪些地方需要标志呢？或者还有哪些地方的标志存在问题、需要改进呢？

（2）学生分组讨论，把提出的问题写在硬纸板上，再贴到黑板上。

（3）对学生提出的问题进行挑选、合并，得出结论。

黑板上留下的这些问题是大家觉得可以改进的地方。你的想法跟大家一样吗？如果是一样的，你就可以跟他们组成一个小组，共同进行标志的设计；如果你有更好的想法，也可以组队和队员共同设计一个新标志。大家一起来争当“标志设计师”吧。

2. 实践创新。

（1）学习标志设计的方法。（建议请美术教师进行指导）

（2）学生自由组合，一起设计并制作表格。

（3）先填写表格，再设计新的标志。

表 2–6　设计说明表

小组成员		活动时间	
标志名称			
标志适用场所			
设计的标志样式（可画出来、剪下来，再粘贴在此处）			

（4）设计标志的原则：实用、简洁、美观。

3. 展示新标志。

（1）学生到前面展示台上，边展示边介绍作品。

（2）学生评价。

4. 活动反思。

（1）在这次活动中，你们又有了哪些新的发现？

（2）通过本次主题活动，你们有了哪些进步或收获？

▶ 活动建议

1. 本活动建议分三个阶段完成。第一阶段关注交通标志，让学生带动家长更好地遵守交通法规，安全出行。第二阶段关注生活中的标志，并能够宣传所学到的有用标志，使其广为人知。第三阶段创作新的标志并进行展示，意在引导学生关注生活细节，培养学生发现问题、解决问题的能力。

2. 标志在生活中被广泛运用，大到国旗国徽，小到学生的学习用品等等，但是学生并不一定关注和了解标志。因此，在开展活动时，教师要全程关注活动的各个环节，要进行有针对性的指导。比如，在活动准备阶段，让学生收集标志的图文资料，既是对各种标志的提前认知，也是为后面的活动环节做好准备。在活动的交流与讨论环节，教师引导学生以马路上的标志作为研究的切入点，十分巧妙地服务于后面对标志含义与特点等的研究。在宣传标志环节，要调动学生、鼓励学生利用多方宣传阵地，将自己习得的有用知识宣传出去，帮助更多的人。

3. 学生通过本活动，了解了标志在生活中的重要作用、标志的含义及特点，同时学以致用，开展了设计标志的活动环节。这一环节，先让学生寻找与发现生活中还有哪些地方需要标志，或者有哪些需要改进的标志，再将之前学到的知识运用到标志的设计与修改中。这不仅使学生加深了对之前所学知识的理解，还在活动中学会了观察生活、关心自己生活的城市，从小树立主人翁意识、责任意识。

（本案例设计：张戌瑾）

第二节　研学旅行

案例一　我是“非遗”小传人

▶ 活动背景

研学旅行旨在落实“读万卷书，行万里路”的教育理念和人文精神。“给孩子全世界最好的礼物，不如给孩子全世界。”开启学生的研学之旅，让学生一起走进自然、走进社会，帮助他们了解国情、热爱祖国、开阔眼界、增长知识，着力提高他们的社会责任感、创新精神和实践能力。“我是‘非遗’小传人”就是秉承这样的理念开展的研学旅行活动。

▶ 目标与价值

1. 让学生了解开展研学旅行的目的和意义。

2. 通过开展以非遗为主题的研学旅行活动，让学生了解家乡“非遗”的文化背景、历史沿革、国内外现状等相关知识。

3. 使学生对家乡“非遗”代表有一个初步的了解，激发学生对家乡丰富历史文化的热爱之情。

4. 通过活动，让学生亲身感受传统文化，促使他们自觉开展保护、宣传“非遗”的行动。

▶ 活动准备

学生：查阅资料，了解“非遗”的相关知识。

教师：①深入了解“非遗”的相关知识。②实地考察所在地区的“非遗”实物或场所，了解其独特的历史文化背景。

▶ 活动过程

活动一　选择研学旅行地点

（一）问题

1. 什么是研学？

2. 如何选择研学旅行的地点？

（二）步骤

1. 了解研学旅行的相关知识。课件出示：

研学旅行的含义：中小学生研学旅行是由教育部门和学校有计划地组织安排，通过集体旅行、集中食宿方式开展的研究性学习和旅行体验相结合的校外教育活动，

研学旅行的目的：在研学旅行中感受祖国大好河山，感受中华传统美德，感受革命光荣历史，感受改革开放伟大成就，增强对坚定“中国特色社会主义道路自信、理论自信、制度自信、文化自信”的理解与认同；同时学会动手动脑，学会生存生活，学会做人做事，促进身心健康、体魄强健、意志坚强，促进形成正确的世界观、人生观、价值观，成为德智体美劳全面发展的社会主义建设者和接班人。

2. 思考自己的研学旅行意向。出示下表：

我的研学旅行意向
1. 选择长途的，还是短途的研学旅行？＿＿＿＿＿＿＿＿
2. 最想去的地方：＿＿＿＿＿＿＿＿＿＿＿＿＿＿＿＿＿＿＿＿
3. 最想体验的项目：＿＿＿＿＿＿＿＿＿＿＿＿＿＿＿＿＿＿
＿＿＿＿＿＿＿＿＿＿＿＿＿＿＿＿＿＿＿＿＿＿＿＿＿＿＿＿

3. 组内交流自己的研学意向。

活动二　确定研学旅行的主题

（一）问题

如何确定研学旅行的主题？

（二）步骤

1. 了解研学的相关主题内容。

教师陈述：当今社会瞬息万变，各种新事物令人目不暇接，课本上呈现的更多是前人的经验和智慧结晶，如果自己不去亲身实践体会，则很难将其化为己用，适应当前社会的变化发展。因此，研学旅行便成为弥补这一短板的有效手段。研学旅行活动的内容丰富多样，同学们可以根据自己的研学地点，选择相关主题。出示思维导图：

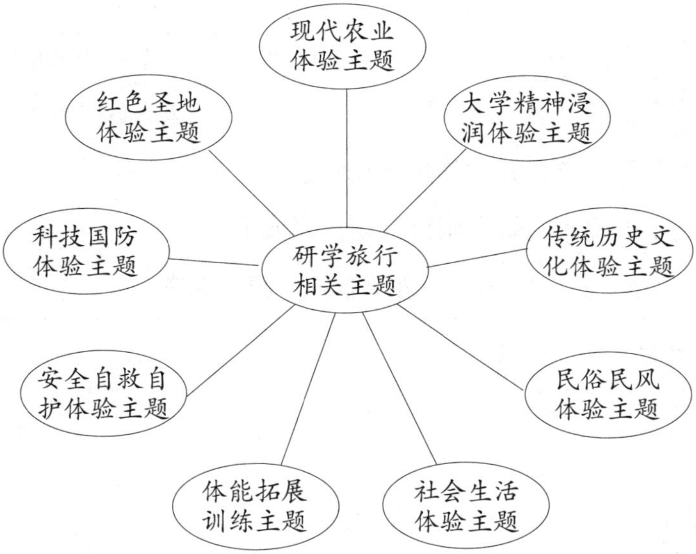

图 2–4　研学旅行相关主题

2. 创设情境，引入“我是‘非遗’小传人”主题。

（1）播放家乡“非遗”的相关视频，组织学生交流观后的感受。

（2）教师陈述：不同的“非遗”是不同地域历史风貌和文化底蕴的体现，我们的家乡有哪些“非遗”呢？让我们以“非遗”为主题，开启研学之旅吧！

3. 以小组为单位，组织讨论本组的研学旅行主题。

（1）教师陈述："我是'非遗'小传人"属于"传统历史文化体验主题"。"非遗"的相关体验项目较多，你们想选择哪个项目呢？

（2）以探究非遗之一"雕版印刷"为例，引导学生多角度选择主题。

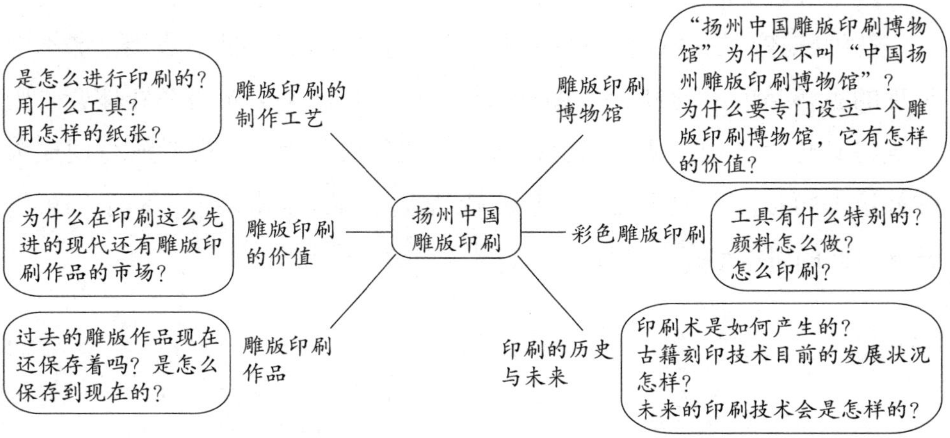

图 2-5 "扬州中国雕版印刷"相关主题

4. 围绕小组确定的研学旅行主题，完成下表。

表 2-7 研学旅行主题说明表

主题	
选择理由	
课题名称	
参与成员	
针对课题提出的问题	
预期成果	

活动三　我们去研学

（一）问题

1. 研学旅行前需要做哪些准备？

2. 研学旅行过程中需要注意哪些事项或问题？

（二）步骤

1. 研学旅行的准备。

（1）组织学生讨论："我是'非遗'小传人"研学旅行前需要做哪些准备工作？

（2）学生交流，教师相机总结，重点强调安全问题，并出示小贴士：

安全出行小贴士

1. 乘车安全。（选择旅行社，签订合同，购买学生意外险等。）

2. 食宿安全。（一般统一食宿）

3. 人员保障。（如集体前往，要分组，每组有带队教师。如自己去，要有家长陪同等）

4. 后勤保障。（如天冷要多穿衣，天热带足水，雨天带伞，备好创可贴等）

2. 开启研学之旅。

（1）在老师或家长的陪同下开启"我是'非遗'小传人"研学之旅。

（2）选择易学的非遗项目，如扬州剪纸、雕版印刷，请传承人示范教学。

（3）及时做好资料的收集和整理。

（4）在班级群里展示自己的研学成果，可以以手抄报、电脑报、研究小论文、日记等多种形式呈现。

活动四　我们去传承

（一）问题

应该如何传承“非遗”呢？

（二）步骤

1. 邀请“非遗”传承人走进课堂，进行课堂展示。

2. 传承分享，积极宣传。

（1）争当非遗传承人。交流并确定自己要选择做哪个“非遗”项目的传承人。

（2）宣传保护我能行。讨论：面对一些“非遗”项目走向销声匿迹的现象，我们该如何进行宣传和保护？

（3）指导学生学会通过制作宣传小报、撰写宣传稿、拍摄宣传纪录片等方式进行宣传。

▶ 实施建议

1. 本活动的课堂活动时间需要四课时。第一课时指导学生学习选择研学旅行的地点；第二课时指导学生学习选择研学旅行的主题；第三课时指导学生做好研学旅行的准备，第四课时指导学生传承和保护“非遗”项目。

2. 在学生搜集资料的过程中，要根据学生搜集资料的有效性给予评价反馈。同时，要在汇报交流之前指导学生在所搜集的资料中筛选出重要的、有特点的信息，教师可以根据学生筛选信息的质量给予适度的评价反馈。探究实践过程中，教师可以有效指导学生采用调查采访形式达成活动目标，及时提醒学生采访需注意哪些要点，并给予学生客观的评价和指导。

3. 传承“非遗”的实践活动是一个长线的过程，教师要加强过程指导。

（本案例设计：陈静）

案例二　走进鲁迅故居

▶ 活动背景

鲁迅（1881—1936），原名周樟寿，后改名周树人；字豫山，后改豫才，鲁迅是他 1918 年发表《狂人日记》时所用的笔名，也是他影响最为广泛的笔名。浙江绍兴人。中国文学家、思想家和革命家，五四新文化运动的重要参与者，中国现代文学的奠基人。鲁迅一生在文学创作、文学批评、思想研究、文学史研究、翻译、美术理论引进、基础科学介绍和古籍校勘与研究等多个领域具有重大贡献。他对于五四运动以后的中国社会思想文化发展具有重大影响，蜚声世界文坛，尤其在韩国、日本思想文化领域有极其重要的地位和影响，被誉为“20 世纪东亚文化地图上占最大领土的作家”。鲁迅是绍兴的象征，鲁家的故宅便是这个象征的载体。本次活动旨在让学生借走进鲁迅故居的研学旅行了解鲁迅的生平事迹、代表作品及其在中国近代史上的地位与所做的贡献。

▶ 目标与价值

1. 引导学生通过各种渠道搜集有关鲁迅的信息，包括鲁迅的生平事迹、代表作品等，了解他在文学、思想、文史、翻译等多个领域的重大贡献，以及他对中国现代文学和中国社会思想文化发展的重要影响。

2. 让学生在实践过程中掌握一定的信息搜集和整理能力、调查采访能力、合作与沟通能力等。

3. 让学生在活动过程中感受鲁迅先生那铁骨铮铮的文人气节以及爱憎分明、不屈不挠的斗士形象，深度感知鲁迅精神。

▶ 活动准备

1. 学生：搜集与鲁迅相关的资料。

2. 教师：全面了解鲁迅，制作相关 PPT。

▶ 活动过程

活动一　交流与讨论

（一）问题

1. 资料收集表怎么设计？

2. 怎样分析、整合活动材料？

3. 怎样归类整理出小主题？

（二）步骤

1. 收集资料。

（1）出示收集的有关鲁迅的视频、图片、文字等形式的资料，互相交流对鲁迅先生的基本了解。

（2）小组合作完成资料收集表，在班内进行交流。

表 2–8　资料收集表

组别		组长	
小组成员			
收集的资料			

（3）交流收集资料的方法。

小结：①到图书馆查阅资料。②对报纸上有关的文章进行剪贴、归类整理。这种做法不但便于资料的积累，也使报纸充分发挥了其作用。③从鲁迅纪念馆等借阅、复印相关资料。④使用搜索引擎进行关键词检索。为了得到更精确的检索结果，可以进行多关键词检索，而且要合理选择关键词。

2. 处理资料。

（1）对收集到的资料进行筛选，把其中相似甚至重复的部分进行删除、合并，然后根据不同的主题方向，将资料分类整理好。

（2）分析、整合资料。在第一轮处理的基础上，对信息资料的内容进行具体分析，形成既契合主题，又便于操作的活动小主题。如：①鲁迅的生平；②鲁迅的作品；③鲁迅的童年；④鲁迅在上海；⑤鲁迅在北京；⑥鲁迅的事迹；⑦鲁迅代表的精神。

（3）学生根据自己的兴趣自由结合成不同主题的活动小组，通过讨论确定人员和分工安排，并完成本组的活动计划表。

表 2-9　活动计划表

活动小主题			
组长		组员	
活动目的			
活动时间			
活动分工			
活动步骤			
注意事项			

活动二　实践与探究

（一）问题

1. 怎么选用适合的调查方式？

2. 调查问卷如何设计？

3. 调查结果怎样有效呈现？

（二）步骤

1. 第一阶段：参观考察。

（1）学生参观考察鲁迅故居。

①实地参观。

鲁迅故居，鲁迅先生生前居住的地方，现已成为重要的人文博物馆，对于研究和传播20世纪前期的人文思想具有重大的意义。鲁迅先生一生为了中国人民的思想解放事业竭尽心力，辗转流离，因此其居住地也不断变换。鲁迅先生的故居主要有四个：北京鲁迅故居、上海鲁迅故居、绍兴鲁迅故居、广州鲁迅故居。

利用节假日，根据实际情况，实地参观考察鲁迅故居，通过近距离接触鲁迅故居，加深对鲁迅的了解，激发热爱祖国的思想感情。

②网络考察。

上网搜集和鲁迅生平、故居有关的视频资料，在观看中了解和感知他那爱憎分明、不屈不挠的正义形象，体会鲁迅先生那伟大的民族气节与斗士精神。

（2）成果汇报。

①以参观绍兴鲁迅故居为例，事先提醒学生在实地参观过程中注意做好过程性资料的收集，如照片、视频、文字记录等。参观后，组织学生开展“走近鲁迅”摄影图片展，鼓励学生将自己拍摄的最具代表性的照片收集起来进行展示，可以配上相应的标题或文字解说。优秀作品在校内文化窗进行专题展示，让全校师生共同感受一代文豪的风采。

②在实地参观和网络考察后，学生一定对鲁迅有了更多、更深入的了解，也会有很多感想和收获。鼓励学生用文字表达出来，撰写成文章，在校内开展“我眼中的鲁迅”征文评比，邀请部分学生和教师代表参与评价，并公示结果。

2. 第二阶段：调查采访。

（1）问卷调查。为了掌握身边的同学、家长、亲友等对鲁迅的生平事迹、代表作品，以及他在多个领域的贡献和影响的了解程度，指导学生设计“鲁迅先生我了解”调查问卷。

（2）采访调查。选择周围有代表性的对象进行采访，比如同学、老师、家长、亲友，还有鲁迅故居的解说员和其他工作人员等。采访内容包括他们对鲁迅生平相关知识的了解，以及对鲁迅精神的认识与体会。

指导学生在采访前，通过讨论、预演等形式，列出需要注意的事项，如采访的话语表达、文明礼仪等。另外，提醒学生注意准备好相关的记录工具，做好过程中的资料收集。

“鲁迅先生我了解”调查问卷

您好！此问卷的目的在于了解大家对鲁迅先生的熟悉程度，以期能更有针对性地宣传鲁迅。请将您回答的内容及选项分别填写在相应的横线处和括号内，耽误您的宝贵的时间在此表示感谢。

1. 您知道鲁迅先生吗？（　）

A. 非常了解　　B. 知道一点儿　　C. 完全不知道

2. 您是通过什么途径知道鲁迅先生以及他的生平事迹的？（可以多选）（　）

A. 听人介绍　　B. 学习阅读　　C. 实地考察

3. 您读过鲁迅先生的作品吗？（　）

A. 读过很多　　B. 没读过　　C. 读过一点儿

如果您读过，那么您读过他的哪些作品呢？请列举出几个。

____

4. 您了解鲁迅先生笔下的人物吗？（　）

A. 很了解　　B. 不了解　　C. 有点儿了解

如果您了解，那么请您列举几个著名的人物：______________

5. 您知道跟鲁迅先生有关的绍兴土特产吗？（　）

A. 完全知道　　B. 知道一点儿　　C. 不知道

若您知道，请列举几种。______________________

6. 在您心目中，鲁迅先生是怎样的一个人，能简要说说吗？

____

表 2–10 “我眼中的鲁迅”采访表

采访时间、地点		采访人员	
采访对象	（列出年龄、性别、职业等基本信息）		
鲁迅生平事迹			
鲁迅代表作品及主要人物			
对鲁迅的评价			
注意事项			

活动三　拓展与延伸

（一）问题

1. 如果想进一步了解鲁迅先生，我们还可以开展哪些活动？

2. 怎样设计倡议书？

（二）步骤

1. 设计一份向鲁迅先生学习的倡议书，向全校同学提议，发扬鲁迅先生“俯首甘为孺子牛”的精神，学习他铁骨铮铮的文人气节。

2. 举办鲁迅作品交流会。

交流主题推荐：①鲁迅先生作品的写作背景；②鲁迅先生作品表达的主题思想；③鲁迅先生同类作品的共性特征；④文人墨客对鲁迅先生的评价……

3. 活动反思。

小结：通过本次活动，我们对鲁迅先生又有了进一步的了解。课后，我们还可以选择自己感兴趣的主题继续研究，把自己的研究成果与大家分享。

▶ 活动建议

1. 本活动建议分为四个阶段。第一阶段从学过的鲁迅文章着手，通过对话交流，激发学生研究鲁迅先生的兴趣，进而选择并确定研究方向和途径，完成主题分类和活动计划表。第二、三阶段通过实地考察、网络考察等方式深化主题研究，然后引导学生设计调查问卷和“我眼中的鲁迅”采访表，既做好鲁迅精神的宣传工作，同时又借他人之口完善自己对鲁迅先生的认识。第四阶段在学生掌握了相关知识、初步熟悉考察技能的条件下，根据个人爱好招募组员，从感兴趣的方面深入探究下去。

2. 本活动旨在提高学生信息收集、调查采访、分工协作以及与他人交流沟通的能力。所以，我们安排了小组制订活动计划表、设计参与调查问卷及提出倡议这三个环节。在实际操作中，活动一中的资料收集及活动二中的成果汇报环节还是比较容易开展的，无论是“走近鲁迅”摄影展还是“我眼中的鲁迅”征文评比，只要是实地考察过的学生，都能通过了解，利用摄影作品或是征文来展现鲁迅先生伟大的民族气节和精神。当然，在活动中教师要及时指导小组合作，重视组员间的互补作用，避免方式和内容的重复，形成调查采访的合力，提高活动的有效性。

3. 由于地域及其他原因，有的学校可能无法完成鲁迅故居的实地考察任务，这也没关系，教师可以根据本案例的方法，拓展自己家乡的名人，带领学生去纵览他们的人生、细品他们的作品、感悟他们的人格魅力。

（本案例设计：王利）

案例三　我在北京大学的一天

▶ 活动背景

北京大学创办于 1898 年，初名京师大学堂，是中国近代最早的国立大学。辛亥革命后，于 1912 年改为现名。作为新文化运动的中心和五四运动的策源地，作为中国最早传播马克思主义和民主科学思想的发祥地，作为中国共产党最早的活动基地，北京大学为民族的振兴和解放、国家的建设和发展、社会的文明和进步做出了不可替代的贡献。爱国、进步、民主、科学的传统精神和勤奋、严谨、求实、创新的学风在这里生生不息、代代相传。

北京大学是学子们努力学习的方向与梦想，为帮助学生更好地做好生涯规划，进一步提升学生“健康学习”的核心素养，激发他们在校学习的内驱力，唤醒学习的潜能，我们策划了这样的主题，让学生到心仪的大学校园走一走，看一看，感受大学生活。

▶ 目标与价值

1. 通过参观心仪的大学校园，走进心目中的教学楼、图书馆、实验室等，让学生感受大学的学习研究氛围及其独特的文化精神。

2. 培养学生的团队协作意识和集体主义精神，使其开阔眼界、增长见识，让他们在活动中体验收获、在实践中得到成长。

3. 帮助学生更好地做好生涯规划，进一步提升学生“健康学习”的核心素养，激发他们在校学习的内驱力，唤醒他们学习的潜能。

4. 引导学生从本次主题入手，尝试设计其他的研学旅行主题。

▶ 活动准备

学生：通过收集图片、文字资料，了解北京大学的相关知识。

教师：①收集有关北京大学的文字、图片、视频等相关资料。②建议亲自参观北京大学校园，用亲身经历或制作的游览视频为学生提供第一手资料。

▶ 活动过程

活动一　交流与讨论

（一）问题

1. 同学们心目中理想的大学是哪里？

2. 怎样通过筛选、整合，形成活动主题？

（二）步骤

1. 创设情境，引出课题。

（1）同学们心中都有着各自的理想，希望能考上自己喜欢的大学。同学们心目中理想的大学是哪里，对自己喜欢的大学了解多少呢？引导学生交流。

（2）出示图片、文字，走进中国近代最早的国立大学——北京大学。

北京大学本部坐落在燕园，包括淑春园、勺园、朗润园、镜春园、鸣鹤园、蔚秀园、畅春园、承泽园等，在明清两代是著名的皇家园林，数百年来，其基本格局与神韵依然存在。

（3）出示课前收集的资料，小组交流讨论：关于北京大学，你了解多少？

（4）关于北京大学，同学们最想了解些什么呢？每个小组生成两个小主题。

2. 筛选整理，生成主题。

（1）学习筛选、整理问题的方法。即：从文字上，去掉重复的主题；从内容上，将相似的问题进行整合。

（2）在组长的带领下，组员按次序交流自己想研究的问题，按照筛选整理问题的方法，整理出本组想研究的问题。

（3）形成小主题。如 ①北京大学的校训、校徽、办学理念；②北京大学的录取分数线；③北京大学有哪些杰出的校友；④北京大学校园最著名的景点；⑤北京大学的特色专业……

（4）学生分组各自上网查找资料。

活动二 实践与探究

（一）问题

1. 怎样制订研学攻略？

2. 北京大学校史和校园文化是怎样的？北京大学和五四运动有什么关系？

3. 北京大学毕业生心目中的母校是什么样的？

（二）步骤

1. 范例引路，制订研学攻略。

（1）参考网络上关于参观清华大学的一日研学行程内容，让学生去模仿，小组合作完成北京大学的研学攻略。

清华大学一日研学行程安排

一、9:30—11:00 参观清华校园，全程由清华大学学生讲解。

1. 观光路线：清华西门—近春园—二校门—大礼堂—水木清华—清华西门。

2. 游览景点：二校门、大礼堂、工字厅、图书馆、校训碑、铜像、清华学堂、闻一多纪念碑、自清亭、近春园、同方部、日晷仪等。

3. 全程讲解包括：学校历史发展、校园概况、院系情况、学生的日常学习和生活等相关内容介绍。

二、10:50—11:30 穿清华大学博士服或学士服照相，并获赠清华校徽。

三、12:00—13:30 清华大学餐厅用午餐（自助餐），体验大学生活。

四、14:20—15:50

1. 邀请清华大学学生代表进行交流，聆听他们讲述考学历程、学习心得和学习方法。

2. 在大学校园内，在教师的带领下举行一次宣誓活动，号召同学们树立远大理想，立志考入心仪的大学。

（2）学生小组合作完成研学模拟表格。

表 2-11　北京大学一日研学行程安排

参观路线	
沿途重要地标	
特色活动	
交通路线	

2. 参观北京大学校园，探究其校园文化。

（1）走进北京大学校史馆，探究北京大学的历史文化，了解北京大学在五四运动和新文化运动中的重要历史地位。

北京大学校史馆坐落于燕园校区西校门内荷花池畔，1998 年 5 月北京大学百年校庆时奠基，2001 年 9 月落成，2002 年 5 月 4 日正式开放。时任国家主席江泽民题写馆名。馆舍分为三层，建筑面积 3100 平方米。首层为序幕厅及专题展厅。地下一层为“今日北大——北京大学发展成就展”，展出北京大学新时代的发展成就。地下二层为北京大学百年校史陈列。地下二层设有北京大学名人墙，展出了北大历史上杰出的革命家、思想家、理论家、科学家、教育家的生平简介及照片。

（2）参观校园景点并拍摄照片。在参观过程中，你对北京大学哪些地标性建筑感兴趣呢？把你拍的照片展示出来吧。

3. 走访北京大学毕业生，了解毕业于北京大学的杰出人才。

（1）举办一次“北京大学名人录”主题交流会，让学生说一说自己了解的北大杰出人才。

（2）走访身边的北京大学毕业生，听他们说说心目中的母校。

活动三 拓展与反思

（一）问题

怎样对自己喜欢的大学进行更深入的了解？

（二）步骤

1. 不拘形式，自主研学。

本次活动关注的是北京大学，其实，国内还有很多著名的大学，如坐落于北京西北郊、风景秀丽的清华大学，出自名句“日月光华，旦复旦兮”的复旦大学，坐落于钟灵毓秀、虎踞龙盘的金陵古都的南京大学，被誉为“中国最美丽的大学”的厦门大学……它们同样是有着悠久历史的美丽校园，大家还想去哪所大学看看呢？根据自己的喜好和理想，选择一所大学进行更深入的了解。

2. 活动反思。

通过本次活动，同学们有了哪些收获？是不是对自己的奋斗目标又有了更深的了解？

▶ 活动建议

1. 本活动建议分三个阶段完成。第一阶段通过创设问题情境，引导学生选择并确定主题。第二阶段范例引路，指导学生做好研学行程安排。通过参观校园，探究校园文化；通过走访校友，探究杰出人才。第三阶段让学生根据自己的喜好和理想，选择一所大学进行更深入的了解，并对活动进行反思。

2. 关于研学行程安排，教师要指导学生在充分了解的基础上完成，这就要求教师在活动前就布置学生通过查阅资料对自己心仪的大学进行全方位的了解。

3. 北京大学是一个集梦想与榜样为一体的地方，是一个能够激发学习核心驱动力的地方，学生可以在这里体会到“爱国、民主、进步、科学”的五四精神。本次活动让每位学生通过参观、体验、学习，在完成多元化任务和研学报告的同时，从不同层面感受大学精神，体验大学生活，更深层次地了解五四精神，树立为实现中华民族伟大复兴的中国梦而努力奋斗的志向，争当勤奋学习、自觉劳动、勇于创造的标兵。当然，在实际的实施过程中，我们还可以选择身边的名校进行研学旅行，感受高等学府浓厚的学术氛围，规划自己的美好明天。

（本案例设计：梅琳）

第三节 绿色生活

案例一 生活垃圾分类

▶ 活动背景

2017年3月，我国颁布了《生活垃圾分类制度实施方案》，该方案经国务院同意，转发给国家发展改革委、住房城乡建设部，并要求认真贯彻执行。很多单位、小区、校园等设立了分类垃圾桶，倡导大家进行垃圾分类。

在校期间，学生每天都要清理垃圾，他们很好奇这么多的垃圾都去了哪里？这些垃圾应该如何分类，其中又有哪些可以回收利用？平时我们在处理垃圾时怎样做更便于对垃圾的回收利用？……在这些疑问中，学生开展了关于生活垃圾分类的综合实践活动。

▶ 目标与价值

1. 通过活动，使学生对垃圾分类有深入的了解并学会垃圾分类方法，学会关心城市的发展，培养主人翁意识和社会责任感。

2. 通过活动，使学生掌握调查、实验、参观访问、查找资料等学习方法，提高学生对信息的分析、整合能力。

3. 通过活动，培养学生的合作精神，提高其探究能力。使学生关注社会，关心自然，树立保护环境、节约资源的意识。

▶ 活动准备

1. 学校开放图书阅览室，为学生提供可查阅的各种书籍与报纸杂志等。

2. 为学生提供微机室，用以搜索查阅相关资料。

▶ 活动过程

活动一　交流与讨论

（一）问题

1. 活动主题从哪里来？

2. 如何筛选、整合活动问题？

3. 如何表述活动的主题？

（二）步骤

1. 创设情境，引出活动主题。

（1）出示图文：“垃圾围城”的现象。

（2）出示一组数据。

现在，北京日产垃圾可达 2 万多吨，上海每天生活垃圾清运量也高达 2 万多吨，每 16 天的生活垃圾可以堆出一幢大厦。杭州每天产生近 1 万吨的垃圾，还有南京、成都等日产垃圾都是数千吨。

（3）揭示主题“生活垃圾分类”，了解生活垃圾分类的必要性。

2. 讨论研究，确立子课题。

（1）积极引导学生围绕“生活垃圾分类”这一话题提出感兴趣的问题。

（2）选取部分学生的问题，指导筛选问题的方法：去掉重复的，合并相近的、相互包含的，删除没有研究价值的和无法研究的。

相关问题列举：①生活垃圾有什么危害？②生活垃圾如何分类，有哪些分类标志？③（小区、学校、家庭）生活垃圾分类实施现状如何？④我国现行的生活垃圾处理的办法及利弊？⑤垃圾分类的历史。⑥垃圾分类，我们能做什么？……

（3）学生小组合作筛选问题。

（4）全班交流，师生共同评议筛选出几个有价值、能研究的问题。

（5）指导学生将问题转化成研究小课题。

一般表述为：关于______的研究。

3. 自主成立研究小组、制订计划。

（1）根据兴趣爱好或住址进行自愿分组。

（2）教师指导学生选举，设立组长。

（3）指导学生以小组为单位制订计划，填写活动计划表。

（4）展示各小组计划，评议需要改进的地方。

（5）修改完善，确定课题研究计划。

表 2–12　“生活垃圾分类”活动计划表

小组名称：	子课题题目：
课题组成员：	
活动准备：	
活动地点：	活动时间：
活动计划：	
任务分工：	
研究方法：	研究结果呈现方式：
活动中遇到的问题：	

备注：研究方法主要包括：观察法、文献研究法、调查研究法（包括问卷调查法、访谈法）等。

活动二　实践与探究

（一）问题

1. 如何实施不同的研究方法？

2. 实践过程中要注意哪些问题？

3. 如何做好小组的协作?

（二）步骤

1. 学生主要活动。

（1）上网搜集相关资料。

（2）到家庭、小区、学校实地调查垃圾分类的情况。

（3）去垃圾焚烧发电厂参观、访问。

（4）开展垃圾分类回收的问卷调查活动。

（5）开展助力垃圾分类回收的建议或创意征集活动。

（6）开展“垃圾分类从我做起”倡议活动。

2. 学生分组活动，教师分类指导。

（1）收集资料。

①到图书馆里查阅相关书籍或资料；学会使用不同的网络搜索引擎，搜集所需资料。

②从收集到的资料中筛选所需要的关键内容。

③整理、保存和管理资料。

④写活动记录或体验日记。

（2）参观访问（去垃圾焚烧发电厂实地考察）。

①活动准备：如准备相机、联系垃圾焚烧发电厂相关负责人、联系接送车辆、了解注意事项等。

②在参观访问前制订好计划、设计好想要了解的问题。

③学会如何提问和记录。

④整理、保存和管理（图文）资料。

⑤根据每个学生的特长进行合理分工、进行合作互助。

⑥注意参观、访问的礼仪和安全事项。

⑦写活动记录或体验日记。

（3）实地调查。

①进行活动准备，了解注意事项。

②制订调查计划，明确活动任务，合理分工合作。

③学习撰写调查报告。

④写活动记录或体验日记。

表 2–13 “生活垃圾分类”实施情况调查表

<table>
<tr><td>调查对象：A. 家庭 B. 学校 C. 小区（在相应选项上打“√”）</td><td>活动地点：</td></tr>
<tr><td colspan="2">活动成员：</td></tr>
<tr><td colspan="2">活动准备：</td></tr>
<tr><td>活动时间：</td><td>记录员：</td></tr>
<tr><td colspan="2">调查内容（在相应选项上打“√”或在横线上填写相关内容）：
1. 调查对象是否设有分类垃圾桶？ A. 有　B. 无
2. 如果有，设置了哪几种？
____
3. 是否实施了垃圾分类投放？ A. 有　B. 无　C. 部分实施分类
4. 其他问题：________________________________</td></tr>
<tr><td colspan="2">调查结果：</td></tr>
<tr><td colspan="2">调查中遇到的问题和解决策略：</td></tr>
<tr><td colspan="2">建议与对策：</td></tr>
</table>

（4）问卷调查。

①出示样卷，引导学生分析调查问卷的组成部分，学习问卷问题的设计方法。

②围绕主题设计一份调查问卷。

③展开问卷调查活动。

④整理、统计、分析调查问卷。

表 2–14 小区居民“生活垃圾分类”实施情况问卷调查统计表

垃圾分类实施情况	户数	占比	原因
严格分类投放	1	5%	有较强的环保意识，了解垃圾分类的益处，有良好生活习惯。
经常分类投放	8	40%	可回收垃圾储存到一定量后卖给废品回收站，剩余垃圾主要是厨余垃圾，节约意识较强。
偶尔分类投放	9	45%	记得就分类，记不得就不分。
从不分类投放	2	10%	觉得麻烦，不关心或不知道。

（5）撰写调查报告。

（6）写活动记录或体验日记。

（7）提出建议与对策。

活动三 汇报与交流

（一）问题

1. 活动成果以哪种方式展示？

2. 活动过程中产生的问题怎样解决？

（二）步骤

1. 成果交流展示准备。

（1）小组合作整理研究成果。

（2）分析研究成果、商议成果展示的内容和形式。

教师鼓励学生用不同的呈现方式进行展示，如研究报告、主题演讲、手抄报、展板、节目表演、产品设计、倡议书等，选择最适合的成果展示形式。

（3）小组制订汇报展示方案。

（4）小组内合理分工合作，发挥组员的特长，积极准备，也可以请其他教师或家长指导。

2. 汇报交流，展示成果。

学生以多种形式开展成果交流汇报。

（1）创意环保秀：将废旧物品做成生活用品、学习用品、服装等，并进行全校展示。

（2）绘画作品展：以“垃圾分类”为主题，用科幻画、漫画等形式表现。

（3）节目表演类：情景剧、小品等表演形式。

（4）产品设计：分类垃圾桶的创意设计。

（5）倡议书：利用集体晨会或校园广播站宣读倡议书。

……

3. 活动评价与反思。

（1）通过自评、互评、师评等进行小组评价和个人评价。

（2）填写评价表。

（3）分组交流活动收获和感想。

活动四 反思与拓展

（一）问题

1. 活动中有哪些收获和不足？

2. 如何生成新的小课题？

（二）步骤

1. 活动反思。

（1）回顾与反思自己的研究活动。

（2）为了达成做好“生活垃圾分类”的目标，明确自己在今后生活中需要养成的习惯。

2. 活动生成。

（1）将活动过程中产生的新问题转化成新的小课题并展开研究。

（2）小课题推荐：①快速有效处理生活垃圾；②全封闭垃圾转运车；③小区生活垃圾的有效分类 ……

▶ 活动建议

1. 本次活动建议一个月完成。第一周通过创设问题情境，引出讨论话题，引导学生选择并确定主题。第二、三周指导学生制订小课题研究方案，然后组织实施，并交流各组的研究报告。第四周进行活动成果展示交流与活动拓展。

2. 在活动中，教师要给予有针对性的方法指导，遇到专业性问题，可以请专业教师给予学生帮助和指导。评价时，要关注过程性评价，关注学生与他人的合作，采用学生自评、互评和师评相结合的形式。

3. 目前，垃圾分类工作正在全国范围内积极推进。生活垃圾怎么扔，也反映出国民的素质，中小学生作为家庭与社会的重要成员，对家庭与社会有着很大的影响，因此在中小学开展生活垃圾分类活动有着积极意义。学生对参观垃圾焚烧发电厂活动感受颇深，通过参观、访问和聆听垃圾焚烧发电厂工作人员的介绍，不仅了解到垃圾的再利用价值，也看到了很多来不及处理的垃圾堆积如山，其中相当一部分垃圾如果提前做好分类将能更好地另作他用。他们通过所见、所闻，切实感受到垃圾分类的必要性，积极用行动响应“垃圾分类成为新时尚”的号召，共同守护我们美丽的家园。

（本案例设计：卞爱萍）

案例二　绿色生活，低碳减排

▶ 活动背景

日益恶劣的全球气候与环境污染已经深深地影响到了人们的生产和生活。随着哥本哈根气候变化会议的召开，如何降低碳排放成为人们关注的话题，大家从自身做起，从日常生活的点滴做起，从小事做起，做低碳生活的践行者，是延缓全球气候变暖的迫切需要。“绿色生活，低碳减排”这一活动主题的意义和价值也正在于此。

▶ 目标与价值

1. 通过活动使学生了解低碳、低碳生活的含义，激发学生的低碳环保意识，培养其热爱与保护环境的良好品质。

2. 通过活动使学生学会与他人合作，培养学生合作、交流、分享的态度与能力，及勇于创新的精神和实践能力。

3. 通过合作、讨论形成共识，使学生了解宣传低碳节能的重要性，增强社会责任感。使学生成为低碳生活的倡导者、践行者，成为低碳理念的传播者。

▶ 活动准备

学生：搜集资料，了解低碳减排、绿色出行的相关知识。

教师：①收集人们践行低碳生活的图片、视频以及相关资料。②和学生同步了解关于低碳减排的知识，树立低碳环保的意识。

▶ 活动过程

活动一　交流与讨论

（一）问题

什么是低碳及低碳生活？

（二）步骤

1. 创设情境，引出课题。

（1）播放歌曲《地球你好吗？》导入。

当天空不再是蓝色，小鸟不会飞翔；当江河不再有清澈，鱼儿也离开家乡；当空气不再是清新，花朵也失去芬芳；当乌云遮住了太阳，世界将黑暗无光；当冰山渐渐地融化，地球是一片汪洋；当大地干枯了村庄，眼睛也失去渴望；当城市川流不息的车，从此没有一点安详……

听这首歌，学生简单谈感受。

（2）再来看一组图片，讨论：地球，还好吗？

欣赏一组图片《罗布泊的昔日和现在》。采访学生，交流感受。

（3）地球母亲正在发烧，她已经千疮百孔，需要所有人用心去呵护，我们能做些什么呢？揭题：从生活的点滴入手，一起践行“绿色生活，低碳减排”。

2. 收集资料，认识低碳。

（1）了解什么是低碳。

低碳就是较低的温室气体（以二氧化碳为主）排放。

（2）什么样的生活是低碳生活呢？

低碳生活 (low-carbon life)，是指较低（低）的温室气体（二氧化碳为主）排放的生活方式，即低能量、低消耗、低开支的生活方式。以此减少对大气的污染，减缓生态恶化，主要是从节电、节气和回收三个环节来改变生活细节。

（3）说到底，低碳生活就是一种低消耗、讲节约的健康生活方式。同学们了解多少关于低碳的新鲜资讯呢？引导学生交流。

（4）小组合作完成资料收集表，在班内进行交流。

表 2-15　资料收集表

组别		组长	
小组成员			
收集到的资料			

活动二　实践与探究

（一）问题

1. 怎样制订本组小课题的研究计划？

2. 如何完成研究报告？

（二）步骤

1. 资料交流，感受低碳。

（1）焦点访谈：低碳世博成亮点。“城市，让生活更美好”是2010年上海世博会的主题，而上海世博会最能体现这一点的，莫过于低碳元素的展示和运用。可以说，世博园区从选址、规划到设计、建设和运营等，都贯彻着低碳的理念。

交流课前收集的资料，谈谈上海世博会上的低碳理念及运用。

（2）国家、社会都已经行动起来，讨论：我们的日常生活中有没有渗透低碳意识呢？

（3）小组合作完成本组小课题的研究计划。

表 2–16　研究计划表

活动小主题	日常生活中的低碳意识（可以根据自己的想法修改小主题）		
组长		组员	
活动目的			
时间安排			
活动分工			
活动步骤			
活动注意事项			

（4）交流展示小组制订的研究计划，并请教师和同学们提建议。在师生、生生评析后，继续完善本组的研究计划。

2. 计算生活中的碳排放量，说说体会。

（1）仔细看一组数据，计算生活中的碳排放量。

表 2-17　生活中的碳排放量表

电视机 0.966kg/h	吹风机 0.552kg/h	洗衣机 0.2898kg/h	冷气机 0.0621kg/h	日光灯 (60W) 0.0414kg/h
节能灯泡 0.01173kg/h	电脑主机 0.1725kg/h	笔记本电脑 0.0138kg/h	开车 0.22kg/km	公交车 0.785kg/km

（2）同学们看，还真是不算不知道，一算吓一跳！引导学生谈谈自己的体会。

（3）通过计算，找找减少碳排放量的方法。学生自由回答。

3. 实践体验，撰写报告。

（1）学生根据研究方案及生活中碳排放量的计算，完成研究报告。

（2）交流各组的研究报告。

活动三　拓展与反思

（一）问题

1. 怎样改变生活习惯、生活方式，实现绿色生活？

2. 怎样写“低碳生活，绿色出行”倡议书？

（二）步骤

1. 介绍“低碳经”，改变生活方式。

（1）读一读《新编环保低碳三字经》

新编环保低碳三字经

新世纪 新观念 志环保 倡低碳　居家日 柴米盐 琐碎中 藏机玄
淘米水 可刷碗 洗衣水 拖把涮　循环用 不麻烦 既节约 又省钱
扔垃圾 先分拣 能回收 免污染　节能灯 瓦数浅 亮度强 却省电
远烧烤 少油烟 生吃菜 常品鲜　勤步行 多锻炼 养花草 环境变
骑车族 很体面 乘公交 也方便　环保袋 随身伴 塑料袋 防泛滥
点滴意 是贡献 小见大 金不换　益健康 促发展 和谐花 更娇艳

（2）我们应该怎样改变生活习惯、生活方式，实现绿色生活？师生讨论总结。从“衣、食、住、用、行”等方面讨论。

穿衣方面：少买不必要的衣服。一件普通的衣服从原料到成衣再到最终被遗弃，都在排放二氧化碳，少买一件衣服就可以减少二氧化碳排放。另外，棉质衣服比化纤衣服排碳量少，多穿棉质衣服也是低碳生活的一部分。

出行方面：我们知道，汽车要燃烧汽油，燃烧汽油会产生大量的二氧化碳，二氧化碳排放到空气中，产生了温室效应，使气候变暖。如果我们少开私家车，多坐公交车、骑自行车，条件允许的话以步代车，这样就可以有效地减少二氧化碳的排放。

（3）自己创编“低碳生活三字经”。

（4）活动反思。

减碳是每个地球人的责任。“千里之行，始于足下”，低碳生活离我们并不遥远，每个人随时随地都能成为环保的“低碳人”。引导学生思考：绿色出行，我们能做些什么呢？写出自己的做法。

2. 写“低碳生活，绿色出行”倡议书。

（1）列举现实生活中，有哪些“低碳生活，绿色出行”的方式。

小结：乘坐公共交通工具、骑自行车、环保驾车……

（2）在这些绿色出行方式中，哪种方式最合理？为什么？小组选择一种最合理的出行方式，说说理由。

（3）为了你、为了我、为了他，也为了赖以生存的地球大家庭，更是为了明天的美好生活，作为小公民，我们应该积极行动起来，身体力行，共同遏制全球气候变暖。请同学们以小组为单位，共同写一份倡议书。

▶ 活动建议

1. 本活动的校内实践部分建议三课时完成。第一课时通过创设问题情境，引出讨论话题，引导学生认识低碳、感受低碳。第二、三课时通过收集资料，指导学生制订小课题研究计划，完成研究报告，并组织学生拟定“低碳生活，绿色出行”倡议书。活动最后，引导学生以实际行动为低碳减排做出自己的贡献。

2. 在活动中，教师要及时对小组的有效合作进行重点评价。必须时时刻刻关注学生的每一个活动环节，及时针对这些问题进行有效指导，让学生顺利地开展好活动。如活动一的第二部分“收集资料”的环节，目的是让学生了解、认识低碳，在这个环节中，有条件的学校，建议直接在微机教室现场搜集、交流资料，既方便又快捷。再如，活动三的第一个环节，在实际活动中，我们可以针对中小学生的特点，先通过“衣、食、住、用、行”等方面的讨论，了解低碳生活离我们并不遥远，再结合学生的回答，让学生自己去创编“低碳生活三字经”。这样的处理更能激发学生参与活动的积极性，让学生在研究的过程中不断提出问题，再通过自己的思考、求助、与别人的讨论等方式解决问题，这样的探究对学生的发展更有利。

3. 开展以“低碳生活”为主题的综合实践活动，非常有意义，也很有必要。人们每天的衣、食、住、行所产生的碳排放量不容小觑，身体力行地践行低碳生活，就是应对气候变暖的实际行动。如果大家在日常生活中都能够每天少开一次车、少乘一次电梯，多节约一度电、一升水、一张纸，累积起来那将是对应对气候变化的巨大贡献。希望通过开展这样的实践探究活动，引起学生的共鸣，让他们从一点一滴做起，在做中感悟环境保护的重要性和必要性，努力成为节能环保的践行者、倡导者、传播者。

（本案例设计：梅琳）

案例三　塑料瓶底数字的奥秘

▶ 活动背景

对于课题研究而言，文献研究是第一步基础性的工作；对于学习和生活而言，文献研究是一种非常重要的研究方法，对现在的学习和今后的发展都具有非常重要的意义。现代社会，如果不会查找文献，就会缺少一种自我学习的能力和方法，可能会因此失去某个发展或成功的机会。以“塑料瓶底数字的奥秘”为实例，让学生学会并掌握文献研究法，开展探究活动。

▶ 目标与价值

1. 引导学生使用文献研究法开展活动，研究塑料瓶底数字的奥秘。

2. 让学生了解获取知识的多种途径，逐步掌握科学研究的基本方法，从而培养学生的探究和创新意识。

3. 面向学生整个的生活世界，引导学生带着问号在生活中学习、在生活中运用、在生活中积累，掌握相关的知识与技能。

4. 增强学生的家庭责任感以及主人翁意识，培养健康、绿色的生活习惯。

▶ 活动准备

学生：①收集生活中常使用的各种塑料空瓶。②每组准备一台平板电脑或者一部智能手机。

教师：①上网搜集关于塑料瓶的相关资料，尤其相关的动态资料，如视频等。②准备一些底部标有不同数字的空矿泉水瓶、太空杯、热水瓶、保鲜盒等。③准备网卡以及笔记本电脑。

▶ 活动过程

活动一　交流与讨论

（一）问题

1. 什么是文献研究法？

2. 文献研究法的要点有哪些？

（二）步骤

1. 创设问题情境。

老师做两个实验，让学生仔细观察。

实验一：将热水注入空的矿泉水瓶，引导学生观察矿泉水瓶的变化。

实验二：将热水注入空的太空杯，引导学生观察太空杯的变化。

2. 组织学生交流。

（1）说一说：观察到了什么？

（2）想一想：为什么同是塑料材质，倒入热水会有不同的变化？

3. 组织学生再次观察。

（1）让学生仔细观察两个杯子，有什么发现吗？

（2）再一次让学生观察塑料瓶底的数字，又有什么发现？

（3）引导学生猜想：瓶底的数字表示什么呢？

（4）组织学生讨论验证自己的猜想。

4. 介绍研究方法。

（1）学生讨论自己知道的研究方法。

（2）在学生讨论的基础上，相机介绍常用的方法：实验法、文献研究法、调查法等。重点介绍文献研究法。

文献研究法主要指搜集、鉴别、整理文献，并通过对文献的研究形成对事实的科学认识的方法。文献研究法的要点——搜集、鉴别、整理。

（3）引导学生选择恰当的研究方法。

活动二　实践与探究

（一）问题

1. 文献研究的一般流程是什么？

2. 如何搜集资料？

3. 如何筛选整合资料？

（二）步骤

1. 介绍如何使用文献研究法。

（1）介绍文献研究流程。

①根据所研究的问题，搜集文献；②对文献的真伪和价值进行鉴别；③查阅文献，并把需要的材料摘录下来；④对材料进行分类整理、分析研究；⑤写出分析研究的结果，或再在此基础上撰写论著。

（2）如何搜集有关资料呢？课件出示搜集资料的途径：

①人群：相关专家、老师、朋友、家人等；②图书馆：书籍、期刊、报纸等；③网络：网页文章、专业网站。

（3）网络文献搜索法介绍。介绍常用的搜索引擎及使用方法。

2. 学生操作体验。

（1）运用平板电脑或者智能手机，搜集“塑料瓶底数字”的相关资料。

（2）学生交流搜集的资料。

（3）教师相机分享整理资料的小妙招。课件出示：

整理资料小妙招：从资料中选取科学精炼的语句，一般是能够一句概括的（比如中心句）或者与主题相关联的句段，还可选取其中的关键词。

（4）学生整理“塑料瓶底数字”的相关资料。

（5）再次交流，学生二次整理资料。

3. 填写报告。出示表格，指导填写。

表 2-18　小课题研究报告

课题名称		完成时间	
研究人员		研究方法	文献研究法
研究过程			
研究结果			
参考资料			

4. 交流分享。

（1）学生交流自己的研究报告。进行师生、生生点评。

（2）根据老师和同学们的建议，完善自己的研究报告。

▶ 活动建议

1. 本活动建议两课时完成。第一课时通过实验，激起学生研究的兴趣，学习文献研究法的研究方法与技巧；第二课时通过实战，运用文献研究法去研究塑料瓶底数字的秘密，并学会整理资料。

2. 培养学生的研究能力应从教会学生发现问题开始。因此教师要善于创设一种激发学生学习兴趣、引导学生积极思考、唤起学生质疑意识的问题情境，激发学生的活动兴趣，激活学生的好奇心、研究欲，以便学生从创设的情境之中，发现并提出自己感兴趣的研究主题。本次活动就是通过引领学生观察塑料瓶底部，从发现上面的数字到让学生猜想数字的奥秘，一步步激发学生的探究欲望的。

（本案例设计：杨金珍）

第三章

社会服务案例选

社会服务是综合实践活动课程的重要活动方式之一，是指学生在教师的指导下，走出教室，参与社会活动，以自己的劳动满足社会组织或他人的需要。社会服务不仅关注学生的活动方式和内容，更关注活动的道德学习价值和知识学习价值，以及对学生自身发展的促进，亦即促进其相关知识技能的学习和实践能力的提升。

社会服务强调学生在满足被服务者需要的过程中，获得自身的发展，成为履职尽责、敢于担当的人，强调服务活动对他人和社会的贡献和意义，正是在认真对待这种贡献和意义的过程中，社会服务的价值才能得到扩展和深化。

第一节　志愿服务

案例一　我是科技讲解员

▶ 活动背景

当今的科技发展日新月异，习近平总书记提出："实现建成社会主义现代化强国的伟大目标，实现中华民族伟大复兴的中国梦，我们必须具有强大的科技实力和创新能力。"科技教育要从娃娃抓起，因此学生从小就要树立"爱科技、学科技、用科技"的观念。为了弘扬科学精神，普及科学知识、科学方法和科学思想，本次实践活动以"我是科技讲解员"的主题活动为载体，进行科普知识宣传，教育学生从小树立科技梦、强国梦，提高学生的科学文化素质，同时号召学生加入志愿服务的队伍，培养社会责任感和志愿服务意识。

▶ 目标与价值

1. 通过对科技讲解员职业的研究，培养学生自主观察、调查、访谈的能力。

2. 学习讲解员的职业礼仪与素养，提高学生的口头表达、动手、组织以及沟通能力。

3. 让学生认识科技、了解科技，激发学生热爱科技的情感。

4. 培养学生的社会责任感和志愿服务意识。

▶ 活动准备

学生：①去附近的科技馆参观，了解科技知识，感受科技的魅力。②通过搜集资料，初步了解科技讲解员的工作职责与意义，理解科技讲解员的辛苦。

教师准备：①了解科技讲解员的工作职责与意义。②明确此次实践活动的要求：每位同学都要有饱满的热情和认真的态度；在活动过程中要讲文明、懂礼貌，注意讲解礼仪。

▶ 活动过程

活动一 交流与讨论

（一）问题

1. 你对科技讲解员有哪些了解？

2. 怎样才能成为一名合格的科技讲解员？

（二）步骤

1. 创设情境，引出主题。

（1）创设情境。

①播放专业科技讲解员的讲解录音。

②出示专业科技讲解员的工作照片。

③学生交流各自的感受。

（2）引出主题。

①创设情境，出示扬州科技馆正在招募小小科技讲解员的海报。

②学生交流各自的想法。

③确定主题：我是科技讲解员。

2. 汇报调查结果，学生共同学习。

（1）学生展示调查结果。

（2）学习科技馆科技讲解员的岗位职责。

活动二 尝试与实践

（一）问题

怎样做科技讲解员？

（二）步骤

1. 规定讲解词，学生模拟讲解。

（1）学生熟悉讲解词。

大家请随我进入“机器人世界”展区。请您一边和机器人比赛一边想一想，这些钢琴师机器人、棋王机器人和射箭机器人都是怎么工作的呢？原来，它们的动作都是由程序控制的，再加上图像识别与语音识别的传感技术，它们就变得更加灵活了！接下来我们将进入“信息时代”展厅。出现在我们眼前的是一棵挂有从20世纪70年代到20世纪90年代各种显示器的“大树”，造型十分独特。您能说出这些显示器都有哪些区别吗？在您的右手边是一个虚拟实验室，不妨坐下来考考自己的脑力。这个仿真操作的教育平台可以通过局域网提供声音、视频信息的双向模拟实时传输，大大增加了学习的趣味性。

（2）学生模拟讲解。

（3）学生评价，提出意见和建议。学生根据评价表中列出的要素，对讲解员进行评价。

表 3–1　学生评价表

评价要素	观察要点	评价
仪表	着装是否合适	
举止	是否有多余的动作	
语言	普通话是否标准、有没有错误	
神态	眼神是否与观众交流	
情感	是否紧张、是否有热情	
总体评价		
备注	（用☆作为评分，最高三颗☆，最低一颗☆）	

（4）教师点评。在学生评价的基础上，教师进行更加专业的点评，提出更高一层次的意见和建议。

表 3-2　教师评价表

评价要素	观察要点	评价
仪表	穿着打扮是否得体	
举止	言行举止是否得体	
	有没有注意礼节	
语言	口齿是否清晰、表达是否流畅	
	音量、语速、停顿是否合适	
神态	是否与观众有眼神交流	
	是否有肢体语言的辅助	
情感	是否有合适的情绪	
总体评价		
备注	（用☆作为评分，最高三颗☆，最低一颗☆）	

2. 学生讲解自己选定的科技知识。

（1）学生自己选择一个科技知识点作为讲解内容。

（2）在规定的时间内为一年级的小朋友们模拟讲解。

（3）学生评价，提出意见和建议。经过模拟讲解的初体验，提高对讲解员的评价要求。学生根据评价表中的要素对讲解员进行评价。

表 3-3　评价表

评价要素	观察要点	评价
仪容仪表	着装是否得体、精神是否饱满	
言行举止	表现是否自然、有礼貌	
讲解内容	是否适合讲解对象，是否健康、完整、准确	
讲解结构	是否合理、逻辑清晰	
语言语调	音量、语速、语调、停顿是否合适	
表达能力	口齿是否清晰、表达是否流畅	
现场表现	是否与观众交流、互动	
总体评价		
备注	用☆作为评分，最高三颗☆，最低一颗☆	

（4）教师点评。评价表同表3–3，教师点评要更多地关注两次讲解的对比，对讲解员的各方面表现进行评价。

活动三　总结与反思

（一）问题

1. 参加本次活动你的感受有哪些?

2. 本次活动中存在的问题有哪些?

3. 在以后的日常生活中，我们还可以做些什么?

（二）步骤

1. 畅谈感受。谈一谈参加本次活动的感受。

2. 总结得失。反思本次活动中存在的问题，发现自己的不足之处。

3. 记录体验。学生完成体验日记，记录下活动中的点点滴滴。

4. 拓展延伸。

（1）提出问题：同学们，通过本次活动，我们了解了科技讲解员的工作职责和意义，明白了讲解员的职业礼仪。我们的活动结束了，但是宣传科技的行动可不能停止。大家想一想，在以后的日常生活中，我们还可以做些什么?

（2）引导学生思考在以后的日常生活中还可以做些什么，写出自己的想法。

（3）学生交流讨论。大家表示要努力学习科学知识，积极参与科技馆志愿者的招募，争取在更大范围内为科技做宣传。

▶ 活动建议

1. 本活动建议分三个阶段完成。第一阶段通过创设问题情境，引出活动主题，引导学生交流讨论。第二阶段为实践活动，通过模拟科技讲解员的活动，让学生体验科技讲解员的工作，培养学生的志愿服务意识。第三阶段，畅谈感受，总结反思。活动最后，引导学生为科技宣传做出自己的贡献。

2. 实践活动中，教师重点指导学生模拟科技讲解员讲解。第一环节通过观看视频、图片等形式创设情境，教师也可以带领学生实地去科技馆参观，亲耳去听讲解员讲解，直接的感受往往是活动的兴趣源泉。第二环节中“规定讲解词，学生模拟讲解”，教师的指导由扶到放，先是按照规定讲解词能熟练讲解，然后换种形式、换个场馆，模拟实践的场景逐步变化并扩大，学生更能有所体会和收获。

3. “我是科技讲解员”实践活动，与“爱科技、学科技、用科技”的观念相吻合，活动中渗透着“科技强国”“科技兴国”的理念，培养了学生注重科技学习的意识，同时培养了学生的社会责任感和志愿服务意识。

（本案例设计：胡瑾）

案例二　走进敬老院

▶ 活动背景

随着老年人数量增多，我国的老龄化现象越发严重。在社会经济飞速发展、竞争愈演愈烈的今天，为了减轻子女的压力和负担，越来越多的老年人选择了敬老院养老。我们每个人都要走过少年、青年、壮年、老年的人生阶段，这是任何人都不能抗拒的自然规律。尊重老人、敬爱老人是中华民族的传统美德，身为青少年的我们，除了要懂得孝顺父母，也应该学会打开心胸去关爱敬老院中的老人们，增强社会责任意识，提高社会服务能力。

▶ 目标与价值

1. 带领学生慰问敬老院的老人，给他们送去一份关爱和温暖，使老人们感受到青少年的朝气和社会对他们的关怀。

2. 引导学生积极弘扬中华民族敬老爱老的传统美德，唤起大家对敬老院中这个庞大而特殊的老年群体的关注。

3. 培养学生的志愿服务意识，增强他们的社会责任感；让学生了解社会，从活动中学会关爱、学会感恩。

▶ 活动准备

学生：①问一问：敬老院里住着什么样的老人？敬老院的职责是什么？②想一想：敬老院里的老人们最需要什么？我们能为他们做些什么？

教师：①联系敬老院，说明活动意义，征得院方同意。②明确活动要求：每位同学都要有饱满的热情和认真的态度；在活动的过程中要讲文明、懂礼貌，注意安全。

▶ 活动过程

活动一　交流与讨论

（一）问题

1. 关于敬老院，你了解些什么？

2. 我们可以为敬老院的老人们做些什么？

（二）步骤

1. 创设情境，引出主题。

（1）信息交流：学生交流各自了解到的相关信息。

（2）引出主题：出示敬老院里老人们日常生活的照片，讨论老人们会需要什么。

（3）确定主题：走进敬老院。

2. 交流想法。

（1）提出问题：我们去敬老院，能为老人们做些什么？

学生分享自己的想法。

（2）学生将想法分类。

大致形成四类活动项目：①我为老人唱支歌；②我给老人捶捶背；③我陪老人说说话；④我给老人送欢乐。

3. 分小组，招募成员。

（1）学生根据自己的意愿和能力，选择想要参与的活动项目。

（2）组成四个小组，确定小组组长和成员：文艺组兼宣传组、聊天组、养生组、慰问组。

（3）小组讨论，确定方案，明确分工。各小组根据活动项目内容，讨论具体细节，形成活动方案，明确组员分工，制订活动计划表。

表 3-4　__________组活动计划表

活动项目内容			
活动地点		活动时间	
组内分工			
具体安排			
活动准备			
备注			

（4）各小组根据活动计划表，做好活动前的各项准备工作。

活动二　活动与实践

（一）问题

如何开展“走进敬老院”活动？

（二）步骤

1. 集体活动：文艺演出部分。

（1）主持人开场白：亲爱的爷爷奶奶们，在这春光明媚的下午，我们少先队员来看望你们了！（鞠躬）古人云“百善孝为先”，尊老敬老是我们中华民族的传统美德，这种美德历来被人们传颂，值得我们去弘扬。在此我们代表全体师生，祝爷爷奶奶们健康长寿。今天我们为爷爷奶奶们精心准备了文艺节目，以表我们的爱戴之心、尊敬之情，希望你们能够喜欢。

（2）学生表演：歌曲《快乐的节日》、舞蹈《夕阳红》、歌曲《感恩的心》、诗歌朗诵《少年中国》、歌曲《我们是共产主义接班人》。

（3）主持人结束语：亲爱的爷爷奶奶们，我们的演出马上就要结束了，但是我们敬老爱老的心没有结束，希望我们的演出能给你们带来一些快乐，希望全社会都来关注老年人的生活。最后让我们再一次衷心地祝福爷爷奶奶们健康长寿、万事如意！接下来，请我们的队员以自己的方式来表达对爷爷奶奶们的尊敬爱戴之情。

2. 小组服务活动：各小组学生根据活动计划表进行活动。

聊天组：陪老人们聊天、谈心，听他们说说过去的事请，也给他们讲讲现在社会的发展和进步。

养生组：为老人们梳梳头、捶捶背、按按摩，给他们讲一些养生的小技巧。

慰问组：给老人们带去欢乐，给老人们讲笑话，陪老人们下棋，跟老人们做一些简单、安全的小游戏。

宣传组：拍摄照片、录制视频等，收集活动的影音资料，活动最后合影留念，制作此次活动的汇报 PPT。

活动三　总结与反思

（一）问题

1. 参加本次活动你的感受有哪些？

2. 本次活动存在的问题有哪些？

3. 在以后的日常生活中，我们还可以为老人们做些什么？

（二）步骤

1. 畅谈感受。

（1）学生观看本次活动的汇报 PPT。

（2）谈一谈参加本次活动的感受。

2. 总结得失。

学生反思本次活动中存在的问题。

3. 拓展延伸。

（1）提出问题：同学们，通过这次活动，我们给敬老院的老人们带去了欢乐，让老人们感受到了社会大家庭的温暖；同学们也体验到了助人的快乐，懂得了如何去关爱和帮助老人。我们的活动结束了，但是尊老敬老的行动可没有结束。大家想一想，在以后的日常生活中，我们还可以做些什么？

（2）引导学生思考在以后的日常生活中还可以为老人们做些什么，写出自己的想法。

（3）完成倡议书，倡导更多的人加入关心敬老院老人的行列。

▶ 活动建议

1. 本活动建议分三阶段完成。第一阶段通过创设问题情境，引出活动主题，引导学生交流讨论并选择自己要参与的具体活动项目。第二阶段为亲身实践，通过走进敬老院，为老人们服务，培养学生的志愿服务意识，增强他们的社会责任感。第三阶段回到课堂，畅谈感受，总结反思。活动最后，引导学生为更多的老人服务，为他们的幸福生活做出自己的贡献。

2. 活动中，学生分享想法并进行分类这一环节，是学生开拓性思维的集中体现。教师指导学生讨论“能为老人们做什么？”这一话题时，应鼓励学生以多种形式展示自己，充分发挥课程的开放性、实践性特点。

3. “走进敬老院”实践活动，对于学生而言教育意义重大而深远。通过弘扬中华优秀传统，孝亲敬老，关注老年群体，渗透志愿服务的理念，不仅培养了学生的志愿服务意识，还增强了学生的社会责任感。

（本案例设计：胡瑾）

案例三　交通秩序我维护

▶ 活动背景

现代交通的发达给人们带来了许多便利，同时也增加了许多安全隐患。交通事故就像一个隐形杀手潜伏在马路上，等待着违章违规的人出现。因此，我们要遵守交通规则、维护交通安全，这是每个人应该具备的社会公德。文明出行，构筑和谐，需要每个公民从自身做起，从小事做起，作为学生也应为维护交通安全做出自己的贡献。

▶ 目标与价值

1. 指导学生认识常用的交通标志、标线、信号灯等，知道它们所表示的意思。

2. 通过采访，让学生了解交警的工作职责，学会几种交通指挥手势。

3. 通过活动增强学生的自我保护意识，养成文明行车、文明走路的习惯，使学生懂得维护交通安全是每个公民应该具备的社会公德。

▶ 活动准备

学生：①了解交通标志、标线、信号灯的含义。②搜集交通安全标语。

教师：①搜集与交通安全、交警工作相关的资料，制作 PPT。②与交通管理部门联系，为学生活动做好准备。

▶ 活动过程

活动一　确定活动主题

（一）问题

1. 如何确定活动主题？

（二）步骤

1. 欣赏图片：①欣赏交通秩序井然的图片；②出示发生交通事故的图片。

2. 学生交流想法。（文字、图片、视频的形式）

3. 教师小结，并引出话题。

（1）出示一组因交通事故造成损失的数字。

（2）学生谈感受。

（3）假如马路上没有交通信号灯和交警会是什么样的？

（4）引导学生争做一名小交警，维护交通秩序。相机板书：交通秩序我维护。

活动二　走近交警，了解交警

（一）问题

1. 如何设计有价值的采访问题？

2. 交警的职责和工作内容是什么？

（二）步骤

1. 介绍采访方法，生成问题。

（1）介绍采访方法，讨论采访时需要注意什么。

①采访前要设计好问题；②采访时要尽可能具体地了解事情的过程、状态，掌握核心问题，问询要自然简洁；③采访者应该端庄有礼，使用礼貌用语；④采访结束后做好资料整理工作。

（2）设计采访问题。

注意：①不要提模糊、抽象、概念性的问题。问题越具体，就越能获得具体的数字、事实。②不问浪费时间的无意义的问题，不问大家都知道答案的问题。③不问令被采访者难堪的问题。④不要问带有成见或偏见的问题。

（3）筛选和整理问题。

①筛选出的问题要紧扣主题。为确保采访的成功，要自始至终遵循围绕采访主题进行发问，让对方在回答中尽量减少题外话。②问题要有价值。生活中一些把握不准的事实或情节，可以在提问中进行核实验证。③问题要自然简洁。

（4）学生完成表格。

表 3-5　采访提纲

采访目的	
采访时间	
采访地点	
采访对象	
采访问题	

（5）学生在教师的指导下再次整合筛选问题，生成采访问题。

2. 了解交警工作。

（1）走近交警，采访交警。

（2）分组汇报采访交警情况。

（3）教师小结。

交警职责：①贯彻执行国家的法律、法令和交通法规；②依法指挥交通，维护道路交通秩序；③管理车辆和驾驶员，查处交通违章，处理交通事故。

具体工作范围：交通安全宣传教育，交通指挥疏导，维护交通秩序，处理交通事故，机动车和驾驶员发牌发证，机动车年检年审，清除路障，设置与管理道路交通标志、标线等安全设施。

3. 让学生出示搜集的标志、标线，联系生活实际分别说说作用。

（1）比较图片，颜色不同作用也不同。

（2）教师小结，说明不同标志、标线的作用。

4. 看视频学习交通指挥手势。（有条件的可以邀请一名交警现场指导）

5. 模拟交警指挥交通现场。

（1）演一演：情境表演，模拟交通指挥现场。

（2）谈一谈：结合自己的实践经历谈谈感受。

（3）做一做：演练遇到违章行为该如何处理？

活动三　做一名小交警

（一）问题

1. 我们能为维护交通安全做些什么？

2. 怎样做一名合格的小交警？

（二）步骤

1. 做好活动准备，进行安全教育。

（1）为确保活动成功，提前做好充分准备，进行安全教育。

（2）各小组汇报准备情况，提出疑难。

（3）组长宣读活动誓言，教师提出希望。

（4）在家长的带领下，选择人流量较多的马路路口，完成各组任务，并做好记录。

2. 分组，明确要求。

（1）将全班分成三组：安全宣传组、安全指挥组、安全互助组。

（2）明确各组要求，各组讨论实践方案。

（3）归纳、总结方案。

3. 现场活动。

（1）安全宣传组：宣传交通安全的重要性。

（2）安全指挥组：帮助交警指挥交通。

（3）安全互助组：帮助路人，清除安全隐患。

活动四　活动总结与拓展

（一）问题

通过这次活动，你收获了什么？还有什么建议？

（二）步骤

1. 讨论交流活动中的收获与不足。

2. 拟写倡议书，在学校、社区发起倡议活动，号召大家从自身做起，共同维护交通秩序。

3. 教师总结。

▶ 活动建议

1. 本活动建议分三个阶段完成。第一阶段通过创设问题情境，揭示课题，引导学生关注社会生活、关注交通安全。第二、三阶段通过采访，了解交警的职责，学习交通安全知识，明白交通安全的重要性，激发学生的活动兴趣。做一名小交警的经历，可以提高学生的交通文明素质和守法意识。活动延伸，引导学生拟写倡议书，为城市的交通安全做出自己的贡献。

2. 活动中，指导学生做好采访工作。采访工作是本次活动的重要环节，教师要全程参与其中，对学生采访中出现的突发事件给予有效的指导和帮助。有条件的学校，可以走进交警大队进行实地采访，听取更多交警的心声。

3. 学生在教师的指导下，走出教室，参与社会活动，在全身心参与活动的过程中，发现、分析和解决问题，体验和感受生活，提高社会实践能力，成为履职尽责、敢于担当的人。本次活动鼓励全员参与，不能局限于个别有能力的学生，活动中合作分工要到位。

（本案例设计：吴娟）

第二节　勤工俭学

案例一　爱心义卖

▶ 活动背景

有些学生的家长是打工族，他们或卖菜、或在工厂里黑白班轮转、或开卡车，工作非常辛苦、收入也不多。可他们对自己的孩子却从不吝啬，也许是为弥补自己在孩子精神养育方面的缺失，他们在物质方面会尽可能地满足孩子，因此造成了孩子较严重的乱花钱现象。这些孩子经常不管需不需要，只要看到同学有，就非要买回来，视父母工作的辛苦于不顾；面对身边有需要帮助的人却视而不见，缺乏同情心。随着乱花乱买的累积，家中的闲置物品越来越多，比如，买来读过再也不愿翻的书、比较新的玩具、买来从未用过也不会再用的文具，丢之可惜，可又不会再用。对这些学生有必要进行集劳动、体验、同情心于一体的教育实践活动，从而帮助他们树立正确的金钱观、人生观、价值观，让其明白父母赚钱的不容易，让其懂得还有很多人的生活远远不如他们，要学会帮助有需要的人，同时，也从中学会怎样尽自己努力去帮助别人。

▶ 目标与价值

1. 跟随父母上一天班，让学生体验父母工作的不容易，培养其对家庭的责任心。

2. 走进福利院、贫困家庭，近距离感受特殊或困难群体的生活，培养学生的同情心、爱心和社会责任心。

3. 开展义卖活动，丰富学生的校园生活，提高学生的口语表达能力和协调组织能力，培养学生的团队合作精神；同时，让学生亲身体验赚钱的辛苦，感受人间大爱，养成乐于助人、乐于奉献的良好品质，培养公民意识。

▶ 活动准备

学生：收集家中闲置物品，归类，清洁，贴上标签，为义卖活动的开展做好准备。

教师：①联系家长，为“我跟父母去上班”活动做准备。②联系福利院等机构，为学生实地参观做准备。③制作售卖清单。

▶ 活动过程

活动一　跟着父母去上班

（一）问题

1. 用心观察，父母一天的工作状态是怎样的？他们挣钱辛苦吗？

2. 跟着父母进行一天的工作体验，你有什么话要对父母说？

（二）步骤

1. 跟随爸爸妈妈去上班。

（1）制订体验计划，明确体验项目。

（2）根据计划安排，跟随父母上一天班。

2. 用我手写我心。

（1）将这一天的感受写出来。

（2）举办心得体验交流会。

活动二　了解需求，制订活动方案

（一）问题

1. 面对需要帮助的人，我们可以做什么？

2. 你平时是如何帮助别人的？有什么好的建议吗？

（二）步骤

1. 课余开展访问体验活动。

（1）选择访问、体验项目。

（2）项目预设：访问福利院、老人院、贫困家庭，以及观察街道上的乞讨者。

（3）课余学生分组体验，用镜头记录下体验经历。

2. 寻找身边需要帮助的对象。

（1）小组讨论，找出身边最需要帮助的人，提出自己的帮助建议。

（2）对学生的帮助建议进行讨论，制订出切实可行的计划，引导学生对义卖活动提出构想。

3. 引出活动主题。

（1）课件出示看到的现象。

（2）学生讨论，并罗列出自己能做的事情。

（3）引出本次活动主题。

4. 制订活动方案。

（1）讨论义卖的时间、地点和义卖物品，以及店铺名称、海报制作、价格表等细节。

（2）动手制作店铺海报、价格表等。

（3）自主报名，确定捐献物品种类、数量、价格，经父母同意后，带至学校，贴上价格标签，分类存放。

（4）根据捐献物品的种类进行分组，明确组员任务，推选售货员及记账员。

（5）对即将举行的爱心义卖活动进行宣传，让校园里其他班级的同学做好准备。

活动三　布置展台，进行义卖活动

（一）问题

1. 如何更好地推销自己的物品？你有什么好的策略？

2. 如何更好地与别人协作，共同完成工作？

（二）步骤

1. 义卖准备：张贴海报；选定地点，布置展台，分类摆放物品。

2. 义卖进行时：学生销售义卖品，并记录在册；各小组成员积极售卖自己所在组的义卖品，并设记账员结账，义卖结束后将小组售卖总额及账目交予班级会计。

3. 将未售物品收好，放回教室。

4. 整理义卖场地。

活动四　善款捐助，总结反思

（一）问题

1. 如何用有限的义卖善款最大化地帮助别人？

2. 帮助他人时如何做到不伤害其自尊？

（二）步骤

1. 善款捐助。

（1）讨论捐助方案，确定受捐人。

（2）将所得善款捐助到人。

2. 活动评价反思。

（1）总结“爱心义卖”综合实践活动的成果。

（2）你在本次综合实践活动中最大的收获或最大的感受是什么？说一说，写一写。

（3）继续讨论生活中“体谅、奉献、给予、爱心”等关键词，引导学生将爱心传递下去。

3. 教师总结。

▶ 活动建议

1. 本活动建议分为三个阶段。第一阶段组织讨论，确定义卖活动主题，制订活动方案。第二阶段组织学生进行义卖。第三阶段将义卖款捐给最需要的人，并组织学生进行反思。

2. 让学生跟随父母去上班，一定要事先与家长进行沟通，明确告知家长需要他们配合的地方。学生拿来义卖的物品，首先，必须要经过父母的同意；其次，物品必须是完好的，在七成新以上；再次，价格不可以太高。对义卖物品要进行登记、分类，贴上标签，做好准备工作。进行义卖前要对义卖人员进行培训，让其具备相应的能力与素质：学习给物品定价，价格要让消费者能接受，且愿意出钱去买；学习记账、算账；学习招揽顾客；学习推销物品，挖掘物品的实用价值或者人文价值；学习为自己的摊点做广告，吸引更多的人前来；学习应对别人的讨价还价，要以理服人；学习摆摊、收摊，做到文明有秩序。

3. 整个活动过程中，学生的创新能力、绘画设计能力、与人交往能力、合作意识等都得到了培养，教师要跟踪活动进程，发挥指导作用。

（本案例设计：杨金珍　汤莹）

案例二　小小服务生

▶ 活动背景

父母对子女无怨无悔地付出、细致周到地呵护，本无可厚非。可是以爱的名义骄纵溺爱，放任孩子以自私、高傲、任性的态度待人处事，不为孩子的未来发展考虑，把读书当成孩子生活的全部，忽视对其技能的锻炼，这就有待转变了。本活动旨在引导学生了解各行业的职业特点，重点把握服务业的服务流程，体验服务业从业者的辛劳，让他们懂得感恩父母，回报社会，树立为他人服务的意识，促进其职业理想的萌芽。

▶ 目标与价值

1. 让学生对职业有初步的了解与认识，知道不同行业的职业特点，重点把握服务员岗位的基本特征和具体要求。

2. 引导学生在实践中体验服务业从业者的辛劳，学会感恩父母、服务他人、奉献社会，促进自身择业观的萌芽。

3. 通过活动培养学生的搜集资料、组织协调、设计制作与合作交往等能力。

▶ 活动准备

学生：①学生自由组合，每组六人，各选一名组长，教师统一编号。在父母的带领下，参观他们的工作场所，了解父母一天的工作内容，完成观察日记。（观察日记：×× 的一天）②搜集资料，了解服务员岗位工作的基本特征和具体要求。

教师：①了解各组组长的人选，知晓各组人员与任务的分工，密切关注各组情况。②和肯德基实践基地联系，做好相关准备工作，如服装的落实、岗前培训的安排。③准备与餐厅服务员工作相关的视频。④准备一些“服务小能手”的奖状。

▶ 活动过程

活动一　交流与讨论

（一）问题

你想参加体验哪些活动项目？

（二）步骤

1. 谈话导入。展示孩子假期参加社会实践的照片，通过观察照片中孩子的表现引导学生谈谈自己的想法，并且说说自己是如何度过假期的。引导学生明白假期要做些有意义的事情。

2. 交流分享。

（1）学生分享自己通过课前对父母职业进行观察、了解之后写下的观察日记。

（2）教师播放与餐厅服务员工作相关的视频。

（3）学生讨论服务员的工作流程及工作内容。

（4）学生分组统计选择体验的项目。

活动二　实践与探究

（一）问题

1. 如何设计任务单？

2. 小组成员之间如何进行协作？

（二）步骤

1. 做好分工。

（1）进行人员与任务的分工。

（2）学生填写任务单。

2. 实践体验。

（1）换装。分组进行岗前培训。

（2）分组上岗体验。

3. 评价、评比。

（1）肯德基店长进行评价。

（2）评出“服务小能手”“优秀合作团队”等若干奖项。颁发奖状。

活动三　拓展与反思

（一）问题

活动过程中有哪些收获和不足？还想开展什么活动？

（二）步骤

1. 进行拓展活动。

（1）引导学生寻找身边的体验岗位。

（2）学生进行交流。汇总校内服务岗位：图书馆、餐厅等。

（3）课余自主体验。

2. 引导学生反思。

（1）说说参加这次活动的收获。

（2）说说活动中需要改进的地方。

▶ 活动建议

1. 本活动建议用半天的时间。本次体验活动地点在校外，教师必须注意保证学生安全。建议教师活动前，一是要向校领导申请，以便得到学校支持，进行课务、人员的协调等；二是预订好车辆，避免乘坐公交，以免人多走失；三是活动前要与肯德基实践基地的负责人取得联系，提前做好相关准备工作，如人员服装的落实、活动开展的适宜时间、岗前培训的人员安排等；四是要取得家长的理解与支持。

2. 要想顺利圆满地开展体验活动，在活动前要做好人员与任务的分工。分好小组，每组指定一名组长，按组号依次开展活动。

3. 本次活动主要由实践基地的指导教师评析，他们的评价更具有权威性。

（本案例设计：杨金珍 汤莹）

案例三　我的第一桶金

▶ 活动背景

现在有些学生花钱如流水，从不考虑父母挣钱的艰难，让学生亲历一次挣钱的过程，体会挣钱的艰辛与复杂，有助于培养学生热爱劳动、勤俭节约的品质。同时，让学生早日接触社会并认识社会，可以锻炼学生意志，培养自立的意识和能力。

▶ 目标与价值

1. 通过活动，让学生了解一些简单的挣钱方法，并体验用自己的诚实劳动获取报酬的生活活动。

2. 通过活动，使学生进一步体会到父母挣钱的辛苦，明白钱来之不易，懂得珍惜，养成勤俭节约的品质。

3. 在活动中引导学生认识社会，加深对社会各项工作辛劳程度的理解，学会与人交往的基本常识，懂得只有靠诚实劳动获取报酬才光荣。

▶ 活动准备

学生：①通过电话交流等方式，向做生意的亲戚了解挣钱的经历。②在家长的陪同下，实地走访本地批发市场，做好走访记录。③收集关于第一桶金的励志故事。

教师：①准备一些活动背景资料。②事先对本班父母做生意的学生进行调查统计，充分利用家长资源，力争家长支持，为学生提供实践平台。

▶ 活动过程

活动一　我们来交流

（一）问题

1. 第一桶金的含义是什么？

2. “君子爱财，取之有道”的含义是什么？

（二）步骤

1. 创设活动情境。

（1）播放某学校创办便利店，让学生打工挣钱的视频。

（2）组织学生交流观后的想法。

（3）揭示本次活动的主题——“我的第一桶金”。

2. 汇报交流。

（1）汇报自己课余走访的情况。

（2）举办以“第一桶金”为主题的故事会。

（3）引导学生联系自己的实际，分享自己第一次挣钱的经历。

3. 慧眼看世界。

（1）理解“君子爱财，取之有道”的意思。出示下面的漫画：

图 3–1　寓意“不正当挣钱手段”漫画

（2）组织学生讨论漫画表达的意思。

（3）组织学生交流自己身边类似的事情。

（4）教师总结："君子爱财，取之有道"，这个"道"应是正道，学会诚实劳动才不会走弯路。财迷心窍、投机取巧、心术不正的人是没有好下场的。

活动二　我们来计划

（一）问题

1. 怎样制订挣钱计划?

2. 怎样评价计划的合理性和可操作性?

（二）步骤

1. 交流挣钱的经历。

（1）出示几张学生工作的图片，思考自己力所能及的挣钱途径。

（2）引导学生联系自己的情况，交流自己与之相似的经历。

2. 制订挣钱的计划。

（1）教师：通过思维导图，介绍制订挣钱计划的方法。

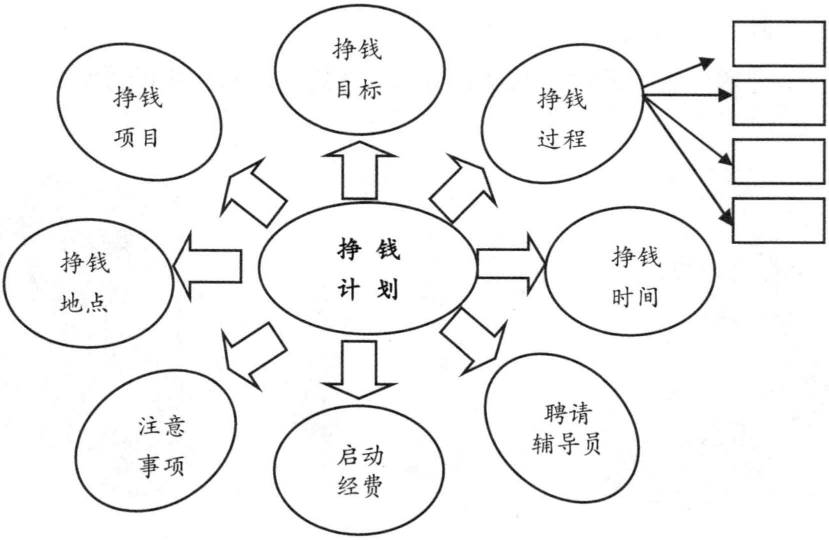

图 3–2 "挣钱计划"思维导图

（2）出示“挣钱计划表”范例，进一步细化计划制订的要点。

表 3–6　挣钱计划表

挣钱目的	锻炼自己的实践能力	备注
挣钱目标	5—15 元	
挣钱时间	星期六	
挣钱地点	超市门前	
挣钱项目	卖《×× 晚报》	
活动步骤	1. 先到邮局批一些当天的《×× 晚报》。 2. 然后与同伴到超市门前卖《×× 晚报》。 3. 一起大声叫卖，直到卖完。 4. 将报卖完，整理卖报的钱，去除本金，就是赚到的钱。	
注意事项	1. 注意骑车安全，保管好财物。 2. 卖报时要有礼貌。	

（3）学生模仿范例，制订出自己的挣钱计划。

（4）学生交流挣钱计划。

（5）各组相互评析制订的挣钱计划，并完善计划。

（6）评选出你心目中的“挣钱小达人”或者最有可能实现的挣钱计划。请学生根据自评和互评的结果完成下列评价表，在“☆☆☆”栏打“√”。

表 3–7　评价表

等级 评价项目	☆☆☆	☆☆	☆
计划的原创性			
计划的操作性			
计划的实用性			
计划的合理性			

（注：优秀选☆☆☆，良好选☆☆，一般选☆，在对应的表格内打“√”）

活动三　我们来实践

（一）问题

1. 开展挣钱实践活动前需要做哪些准备工作？

2. 怎样开展挣钱实践活动？

（二）步骤

1. 挣钱活动的准备。

（1）教师对每组或者个人挣钱活动准备情况进行调控。

（2）进行活动安全教育。

（3）与每组活动的负责人、辅导员（家长）进行无缝对接。

（4）提供挣钱途径的信息。

①学生家长种植园的采摘活动。（采摘每斤 0.2 元）②学校食堂帮厨活动。（清洗蔬菜等一次帮厨 1 元）③图书馆贴标签活动。（贴一只标签 0.05 元）④学生家长鸡蛋批发部挑蛋活动。（每斤 0.05 元）

2. 课余各小组或者个人根据计划开展挣钱活动。

3. 组织学生把挣钱活动中的感受写下来。

4. 反思与改进。

（1）引导学生交流本次活动的收获有哪些？

（2）引导学生反思本次活动中有哪些需要改进的地方？

▶ 活动建议

1. 前两个活动是课堂活动，建议两课时完成。第一课时组织学生围绕挣钱进行交流，第二课时组织学生制订挣钱计划。挣钱的实践活动可放在课下进行。

2. 在具体实施中，如果学校有学生餐厅，可充分利用这个资源，让学生去食堂帮厨，做拣菜、清洗等工作。可以利用家长资源，到家长的种植园、养鸡场、批发市场，请家长为学生提供力所能及的挣钱岗位。如去鸡蛋批发部，让学生将鸡蛋按照个头大小挑选后装箱。再如到蔬菜种植基地进行采摘蔬菜的活动。这些挣钱活动，没有太大的安全风险，可以组织学生集体参加；也可向学校申请综合实践活动费用，作为学生勤工俭学的启动资金，如卖报活动的启动金。

（本案例设计：杨金珍）

第三节　公益活动

案例一　拒绝校园欺凌

▶ 活动背景

校园应是我们学习知识、接受教育的地方，但频频出现的校园暴力事件却打破了校园应有的宁静，特别是在小学中高年级阶段，随着年龄的增长，学生的心理也在发生着变化。有些同学在与其他同学产生矛盾时不懂得怎样正确处理，有时会因为一时的冲动做出一些过激的行为。加之现在的孩子接触的电子产品很多，电影、电视、网络中的一些负面信息对他们造成了直接影响，他们会去模仿。有些同学在遭遇校园欺凌、生命安全受到威胁时却全然不知，以为校园欺凌仅仅是不礼貌行为；有些同学在目睹校园欺凌时无动于衷，以为只是同学间的“嬉闹”。要抵制校园欺凌，首先要使学生具备对校园欺凌的识别能力，懂得如何应对校园欺凌。

▶ 目标与价值

1. 指导学生认识校园欺凌产生的原因，认清校园欺凌带来的负面影响。

2. 使学生学会与人相处，树立正确的道德观。

3. 使学生掌握应对校园欺凌的正确方法，提高防范意识。

▶ 活动准备

学生：①搜集校园欺凌案例。②学习《中小学生守则》，做一个明礼守法的好少年。

教师：搜集与校园欺凌相关的资料，制作 PPT。

▶ 活动过程

活动一 交流与讨论

（一）问题

1. 什么是校园欺凌？

2. 我们身边有校园欺凌现象吗？

3. 如何预防、应对校园欺凌？

（二）步骤

1. 创设活动情境。

（1）课件展示校园欺凌场景。

2016 年 5 月，一段有关“中学生打架斗殴”的视频疯传网络，视频中一群学生言语低俗，围着看几个男生对站在墙边的一个男生拳打脚踢。

（2）组织学生讨论。什么是校园欺凌？校园欺凌会对人造成什么样的伤害？

2. 透过身边案例进一步了解什么是校园欺凌。

（1）举出身边案例。

张某发现李某每天早上上学的时候喜欢早到，并在学校周边的小店逗留。张某把此情况告诉了教师，教师在班上对李某进行了教育。就在第二天，李某叫上隔壁班的同学在学校附近的巷子里堵住了张某，并用手卡住张某脖子，对他进行恐吓。据张某反映，李某已不止一次这样恐吓他了。

（2）讨论。李某这样的做法对不对，该如何对李某说？如果你是张某，遇到这样的事，该怎么做？在平时的学习生活中，如果与同学产生矛盾了，该怎么处理？一旦发生校园欺凌事件，该如何应对？

（3）教师小结：这看似简单的案例，对于李某来说，他可能觉得没有什么大碍，只是吓唬吓唬张某，并未意识到问题的严重性。他未曾想到，多次的恐吓可能已对张某的心理造成伤害，这样的畏惧感会影响张某的学习和生活。李某应该考虑事情的后果，要多一些思考、多一些冷静，切记冲动是魔鬼。而作为受害方张某要学会保护自己，及时告诉家长或者老师，懂得自救；当受到侵害时要勇敢地拿起法律武器保护自身的合法权益。

活动二　实践与探究

（一）问题

1. 你知道哪些增强同学间信任度的游戏活动？

2. 如何撰写以“拒绝校园欺凌”为主题的倡议书？

（二）步骤

1. 学会信任、理解，懂得与他人相处。

（1）游戏：抽凳子。

游戏规则：分四组进行，将凳子排成纵队，学生依次坐好后，逐一往后靠，再抽掉凳子，此时学生互相依靠在一起，队伍依然整齐者为胜。

（2）游戏：你是我的引路人。

游戏规则：两人一组，一个同学扮演“盲人”，蒙上眼睛；另一个同学做“引路人”，拉着扮盲人同学的手。“盲人”只有依靠“引路人”的正确指令才能顺利走完障碍道。

（3）总结：相互信任是游戏成功的首要保证。在愉快、轻松的游戏中不仅可以感受到人与人之间信任的重要性，还从中懂得同学之间应当互相帮助、互相谅解、互相包容、团结友爱，暴力不能真正地解决问题。

2. 学习《中小学生守则》，写一份以“拒绝校园欺凌”为主题的倡议书。

活动三　拓展与延伸

（一）问题

如何扩大活动的影响力？

（二）步骤

1. 广播站宣读倡议书。

（1）在校园内利用红领巾广播站宣读倡议书。

（2）组织学生在倡议书上签名。

2. 开展横幅签名活动。

（1）制作“拒绝校园欺凌”宣传横幅。

（2）号召同学们在宣传横幅上签上自己的名字。

3. 总结反思和活动延伸。

（1）畅谈自己的收获。

（2）制作“拒绝校园欺凌”主题手抄报，并通过学校展板或网络进行展出。

▶ 活动建议

1. 本案例的课堂部分建议两课时完成，第一课时通过案例让学生了解什么是校园欺凌，再从身边的事例说起，加深学生对校园欺凌的了解，组织学生讨论如何应对、预防校园欺凌。第二课时，通过轻松的游戏增进同学之间的友谊，创建团结、友好、共同进步的集体。最后，将活动延伸到全校，倡议全校师生拒绝校园欺凌，将活动引向深入。

2. 活动中的游戏环节要全员参与，充分发挥游戏的影响力，提高学生的沟通、交流能力。教师要创设情境，引导学生说出身边的事例，从身边的事例中了解、分辨什么是校园欺凌。纠正有些同学在遭遇校园欺凌时，以为校园欺凌仅仅是不礼貌行为，或者只是同学间的“嬉闹”的错误想法，增强学生对校园欺凌的识别能力。

3. 生活中，有些同学在与其他同学产生矛盾时不知道该如何正确处理，有时会因为一时的冲动做出一些过激行为，这是因为缺乏自我保护意识和基本的道德意识。通过这次活动，学生不仅自我保护意识增强了，还必将有助于化解校园欺凌行为、有效遏制校园欺凌行为的发生。

（本案例设计：吴娟　王兴霞）

案例二　城市交通拥堵我支招

▶ 活动背景

综合实践活动课程面向学生完整的生活世界，学生选择合适的主题是开展综合实践活动课程的第一步。如何指导学生在生活中选择合适的、有价值的问题，并能主动地寻求问题解决的方法和路径，是综合实践课程开展及实施的重要内容。下面就以“城市交通拥堵我支招”这个主题活动引导学生进行小课题的研究，并提出一些合理化建议，为城市发展贡献力量，增强学生的公民意识。

▶ 目标与价值

1. 让学生学会生成活动主题的方法，以社会生活为切入口，提出合理化的建议。

2. 让学生学会筛选、整合问题的方法，形成可行性方案。

3. 引导学生在与社会生活的接触中获得丰富的实践经验，提升对社会民生问题的整体认识。

4. 引导学生从城市发展角度去发现问题，培养学生价值体认、责任担当、问题解决等方面的意识和能力。

▶ 活动准备

学生：①走进社会，观察社会，用图片或视频记录看到的一些交通拥堵的场景。②通过收集资料，了解相关交通法规对相应内容的规定。

教师：①用图片或视频记录道路拥堵的交通状况。②了解造成交通拥堵的原因。

▶ 活动过程

活动一　交流与讨论

（一）问题

1. 问题从哪里来？

2. 如何整合、筛选问题？

3. 用何种形式表达建议？

（二）步骤

1. 谈话激趣，引出课题。

（1）引导学生聚焦城市交通。课件出示城市交通概念。

城市交通是指城市（包括市区和郊区）道路（地面、地下、高架、水道、索道等）系统间的公众出行和客货输送。

（2）出示 2019 年公安部交管局发布的数据。

图 3–3　2014—2018 年小型载客汽车和私家车保有量情况

（3）出示交通拥堵场景图片，引导学生讨论。

图 3–4　交通拥堵场景

（4）引出共同话题。汽车产业的发展为我们的生活带来了便利，但是也给城市的交通带来了一些问题，城市交通拥堵影响着我们的学习、工作和生活。对城市交通拥堵这一现状，你有什么妙招呢？

2. 介绍方法，生成问题。

（1）介绍“树形图”。即通过图文结合的形式，把各级主题的关系用相互隶属与相关的层级图表现出来，用一个中央关键词以树形图辐射其他关联项目。出示下图：

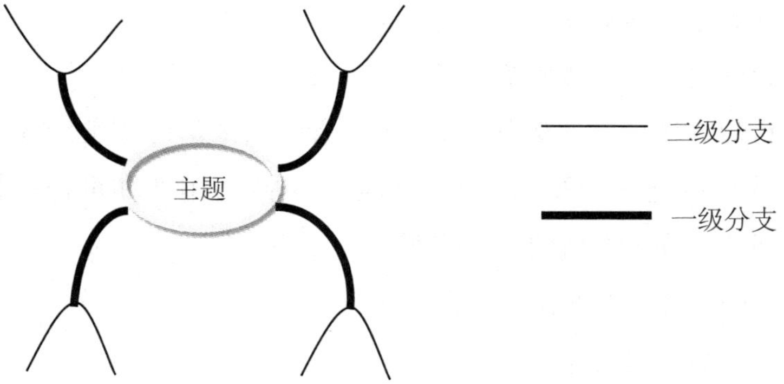

图 3–5　树形图

（2）学生模仿“树形图”的实例，尝试把自己想要研究的问题在“树形图”中表示出来。

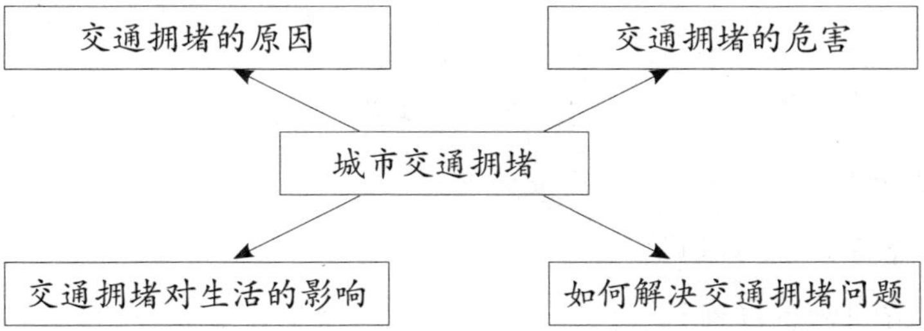

图 3–6　“城市交通拥堵”相关问题

（3）初步学习筛选、整理问题的方法。教师任意选取两个学生的树形图，让学生汇报，教师评价，指导学生学习筛选、整理问题的方法。

（4）学生再次分组筛选、整理问题。组长带领，组员有序交流要研究的问题，组员讨论、补充，组长整理出本组的研究问题。

（5）学生进一步学习筛选、整理问题的方法。教师选取一组的“树形图”，引导学生思考：你们的问题是否具有研究价值，建议是否具有可行性？课件出示小贴士。

什么样的问题具有价值？

①符合学生的真实想法，学生能自主解决。

②成果能直接运用到学生的生活中，为生活提供便利。

③能从问题解决的过程中获得快乐，体验到成就感。

什么样的建议具有可行性？

①提出的建议在现在的条件下能够实施。

②提出的建议切入点要小，政府及交管部门采纳的可能性高。

（6）学生更进一步筛选、整理问题。按照适用性和可操作性原则，用树形图筛选并确定本组的研究问题。

（7）将问题转化为小课题。课件出示：

①城市交通拥堵的原因。

②城市交通拥堵给我们带来的影响。

③城市交通拥堵越来越严重的原因。

（8）在学生讨论的基础上，将活动主题确定为“城市交通拥堵我支招”。

活动二　实践与探究

（一）问题

1. 研究方案如何制订？

2. 采访问题怎样设计？

（二）步骤

1. 制订研究方案。

（1）出示样表让学生去观察模仿，小组合作完成本组小课题的研究方案。

表 3–8　研究方案模板

课题名称	城市交通拥堵我支招	完成时间	12 月 27 日
研究人员	张菲扬、朱晓龙、谢雨辰、林梦琪	研究形式	访谈
访谈提纲	1. 城市交通拥堵的原因是什么？ 2. 城市交通拥堵的危害有哪些？ 3. 为什么城市交通拥堵越来越严重？		
研究结果			
参考资料			

（2）交流展示小组制订的研究方案。

（3）生生、师生对研究方案进行评价，继续完善本组的研究方案。

2. 实践体验，撰写报告。

（1）学生根据研究方案，通过采访老师、同学、市民以及社会调查收集信息。

（2）整理访谈信息，查阅资料，完成研究报告。

（3）交流各组的研究报告。

活动三　延伸与反思

（一）问题

1. 中小学生能为缓解交通拥堵做些什么？

2. 这次活动带给你哪些思考？

（二）步骤

1. 介绍预防交通拥堵的小策略。

①绿色出行；②出行时，了解所经路段的交通状况；③遵守交通法规，文明行车；④错峰出行……

2. 小组内交流自己了解的交通法规小知识。

3. 班级交流交通法规知识，师生评价。

4. 引导学生进行活动反思。

（1）我能为城市的道路畅通做些什么，有什么好的妙招？

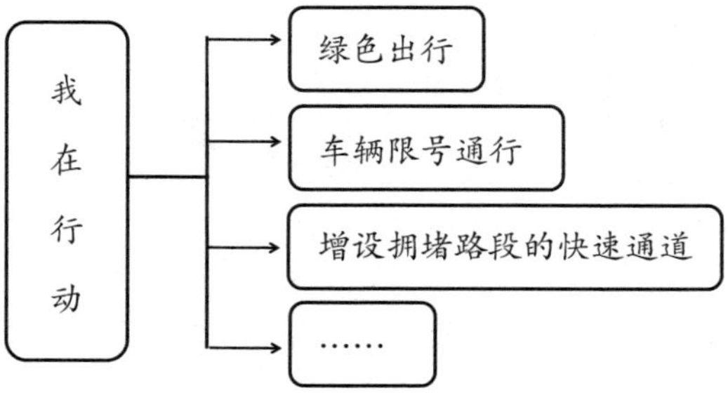

（2）为了使广大市民知晓我们的行动，我们还可以做什么？

生：撰写倡议书，号召全校师生学习交通法规，并利用网络或新闻媒体进行宣传……

▶ 活动建议

1. 本活动建议分三阶段完成。第一阶段通过谈话激起学生兴趣，引出讨论话题，引导学生学会选择并确定主题。第二、三阶段通过范例指导，引领学生制订小课题研究方案，然后让学生通过采访学校师生、社会调查、查阅资料、整理信息，完成研究报告，并组织学生交流各组的研究报告。活动最后，引导学生为减少城市交通拥堵献计献策。

2. 在学生活动时，教师要对小组的讨论、交流、有效合作进行及时评价，提高小组合作的效果。在研究方案的制订上，重在问题的思考和研究。在为城市交通支妙招环节，引导学生开拓思维，采取多样化形式。

3. 城市交通拥堵现象是社会现象，这一活动主题的提出具有强烈的现实意义，学生通过实践活动看交通、聊想法更有教育意义。通过对交通拥堵这一社会现象的研究，不仅可以培养学生强烈的社会责任感，也有助于培养学生的课题研究意识。

（本案例设计：朱萍）

案例三　社区如何解决老人用餐问题

▶ 活动背景

居家养老是我国目前最主要的养老方式，但面临子女不在身边、亲人无暇照料等家庭照料功能弱化的难题，居民小区就近为老年人提供服务必将成为未来的发展趋势。由社区为老人提供照料与服务，既可以解决独居老人和空巢老人的吃饭问题，也能满足他们需要交流和陪伴的精神需求。

▶ 目标与价值

1. 引导学生通过实践过程传播公民知识，培育公民意识，宣扬公民权利，呼唤公民责任。

2. 通过社会实践、问题研究的过程，提高学生观察问题、思考问题的能力，以及参与社会生活和实践的能力。

3. 在实践活动中认识、关注社会，从身边的日常小事做起，逐步增强公民意识，关注社会公共问题，了解相关的公共政策，进而以公民的角色立足社会、学会生活。

▶ 活动准备

学生：①发现身边的公共问题。②收集相关资料以说明解决该问题的重要性。

教师：①了解其他学校已研究过的公共问题，向学生介绍公民实践活动。②引导学生发现身边的公共问题，了解相关的知识。

▶ 活动过程

活动一　交流与讨论

（一）问题

1. 活动主题从哪里来？

2. 如何分析问题解决的迫切性？

3. 如何确定活动主题？

（二）步骤

1. 创设情境，引出课题。

（1）引导学生聚焦身边的问题，发现随着医疗水平和生活水平的不断提高，长寿老人越来越多，但很多老人面临自己做饭、吃饭难的问题。

（2）向市民政局老龄办了解所在城市老年人口数量及增幅情况。

（3）小结：老人面临吃饭难问题，由居民小区就近为老年人提供服务，尤其是为老人提供三餐必将成为未来的发展趋势。

2. 分析此问题解决的迫切性，确定主题。

（1）学生展示：统计抽样调查结果，了解老人随着年龄的增长，生活自理能力每况愈下，自行解决一日三餐的“买洗烧”已力不从心。

（2）教师介绍:《十城市万名老年人居家养老状况调查报告》显示，当前老年人对老年餐桌需求比例达到42.2%。目前，有许多大中城市已经开展了社区就餐服务。据调查：北京21.9%的老人享受过社区餐桌等服务；武汉全市有1100多个社区能够提供送餐服务，覆盖人数有1万多人；上海现有576个老年人助餐服务点，可为6万名老人提供服务。

（3）讨论确定本班同学普遍认为有价值的研究课题——社区如何解决老人用餐问题。

活动二　实践与探究

（一）问题

1. 与主题相关的政策有哪些？

2. 调查表如何设计？

3. 如何做好小组调查汇总？

（二）步骤

1. 政策引路，制订研究方案。

（1）学生通过调查采访、上网查资料等途径收集信息，了解与研究问题相关的政策法规。

（2）寻找相关政策依据。

《国务院关于加快发展养老服务业的若干意见》明确提出，中国养老服务业的发展目标是全面建成以居家为基础、社区为依托、机构为支撑的，功能完善、规模适度、覆盖城乡的养老服务体系。

（3）制订方案，以实现“老有所养、老有所医、老有所为、老有所学、老有所乐”为目标。

2. 实践走访，调查汇总。

（1）通过走访了解城区社区照料中心、老年餐桌的数量。社区照料中心专门为社区内生活不能完全自理、日常生活需要一定照料的半失能老年人提供膳食供应、保健康复、休闲娱乐等日间托养服务。

（2）以调查问卷的形式走访各自所在社区的老人，问卷的内容涵盖老年人的家庭状况、健康状况以及对社区养老、老年餐桌的认识和看法。

（3）通过调查，知道社区照料中心是一种适合半失能老人“白天入托接受照顾和参与活动，晚上回家享受家庭生活”的社区居家养老服务新模式。目前，社区照料中心和老年餐桌在数量和质量上存在一些不足。

活动三　拓展与创新

（一）问题

1. 当下还存在哪些问题？

2. 我们可以提出哪些建议？

（二）步骤

1. 指出当下存在的问题。比如：

（1）一些政府职能部门和社区管理与服务部门对开展社区养老助老服务的重要性和迫切性认识不足，对于老年人的各类需求还缺乏深入的研究和探索，在行动上没有形成合力，在舆论宣传上力度不够。

（2）受几千年传统文化观念的影响，有些老年人不愿意去日间照料中心托老，坚持在家养老；也有些老年人则认为还能自力更生，不愿花冤枉钱等，导致社区老人对日间照料中心、老年餐桌选择率较低，造成设施设备闲置。

（3）日间照料服务中心的服务团队专业化水平低、服务意识不够。管理者与服务人员大多凭着尊老爱老的激情参与工作，很少接受相关专业知识的培训，很难做到与老人进行精神上的交流，无法为老年人提供专业服务。

（4）缺乏有效的机构评价体系，无法对日间照料中心服务质量进行统一的评价。

2. 提出解决问题的建议。比如：

（1）建议仿照北京等城市的做法，按照每个社区建筑面积相应的标准建设、配置社区托老所和老年活动场所。

（2）建议街道办事处组织调查本区域内老年人的用餐需求，帮助有条件的社区开办社区老年餐桌；组织、协调相关企业和单位，帮助没有条件开办社区老年餐桌的社区，通过整合社区周边餐饮服务资源，采取定点餐饮、自助型餐饮配送、特需上门服务、开放单位食堂等方式，解决居家老年人的用餐困难。

（3）建议加大对老年人助餐服务中心（公司）的政策支持力度，对符合条件的老年人助餐服务中心（公司）给予一次性建设补贴。

活动四 实施与反思

（一）问题

1. 针对大家提出的解决问题的建议，该怎样科学、有效地开展活动呢？

2. 参加本次活动，你有哪些感受？

（二）步骤

1. 解决问题的实施方案。比如：

（1）向社区工作者和部分居民发放倡议书，宣传推广社区日间照料中心，重点讲清照料中心为老人提供了生活用餐、医疗保健、文体娱乐、精神慰藉等多项服务，让更多的人了解这一惠民措施并享受养老服务。

（2）走进老城区和各社区管理中心，陪老年人说话、聊天。同时向社会各界人士呼吁“关注老人用餐难”的问题。

（3）到市中心拉巨型横幅做广泛宣传，向身边的市民发放宣传单，宣扬“敬老、爱老”的中华传统美德，介绍少先队中队主题实践活动，积极宣传解决老年人用餐问题的有效途径。

（4）为了争取政府部门的关注和支持，给所在城市的市委宣传部、组织部以及市司法局、普法办等部门的主要领导寄出信函，报告本次主题实践活动的内容，期望政府职能部门加大财政资金扶持力度，引导制订老年人服务标准，加大对各种惠老政策的宣传力度并加强监督管理。

2. 制作展板，召开听证会。

（1）收集、整理资料，精心制作展板。

（2）举办“社区解决老人用餐问题”听证会。

（3）积极参与思考，回答听证人问题。

3. 活动反思。比如：

通过这次主题实践活动，同学们在融入社会的过程中增长了见识，在自主合作完成任务中锻炼了才干，在应对挑战和困难中培养了韧性，在收获实践成果中增强了自信。

▶ 活动建议

1. 本案例建议分四个阶段。第一阶段通过创设问题情境，引出讨论话题，引导学生选择并确定主题。第二阶段通过政策引路，制订研究方案。第三阶段让学生实践走访，调查汇总。第四阶段学生实施方案并汇报展示。

2. 活动中，教师要在学生进行现实状况调查与研究的过程中做针对性的指导，如方法指导、方案的评析等。学生在探究中会产生各种问题，也需要教师引导其整理思路，找到解决问题的方案。活动结束后的拓展部分，让学生进一步思考：在现代社会，老年人还面临哪些问题？社会还将面临哪些关于老年人的问题？以此继续引导学生关注并开展活动。

3. 本次活动旨在让学生形成一种认识：作为国家的合法公民，既享有国家宪法和法律规定的权利，又必须履行宪法和法律规定的义务；既享有国家和社会提供的资源和服务，又必须以自己的智慧和行动参与社会生活，服务社会、报效祖国。加强公民教育，增强人们的公民意识，是提高公民素质的重要途径。

（本案例设计：梅谊）

第四章

设计制作案例选

设计制作是综合实践活动课程的基本活动方式之一，是对当前科学与技术迅猛发展所做出的教育回应，也是综合实践活动课程实现教育与生产劳动、社会实践相结合教育方针，落实立德树人根本任务的重要途径，具有特定的内涵、价值和实施框架。

“学会学习”是时代发展对于当代学习者提出的要求，也是我国学生需要发展的核心素养之一。要发展这一素养，需要从学习的“获得”隐喻转身“参与”隐喻。设计制作在本质上需要的是深度参与实践性设计、协作学习，以及计算思维、工程思维、创造思维及反省思维等，因而具有独特的教育价值。

设计制作通过信息技术类、劳动技术类活动发掘学习者的生产性力量，培育其实践创新能力。即一方面通过经历丰富多彩的劳动生活，在了解劳动世界、理解劳动意义、获得积极劳动体验的基础上，形成较强的劳动意识和积极的劳动态度，尊重他人劳动；另一方面在创意设计和创意物化中充分发展工程思维、计算思维、材料认知能力，以及相关的审美意识、安全意识、经济意识、质量意识、环保意识以及关心社会发展的责任意识等，从而形成自信且批判性使用技术的技术素养。

第一节 信息安全

案例一 信息辨真伪

▶ 活动背景

电话的出现，使人们可以凭借打电话、发短信等进行信息交流；网络的出现，则使人们信息交流的方式更加丰富多彩，大家可以通过各种网络平台传输文字、图片、音频、视频等，相互交流沟通更方便快捷。但不见面就能沟通交流的各种方式也易使个人隐私泄露，加之网络上的新闻真假难辨，给社会和个人带来了安全隐患。有些不法分子通过人们交流中透露出的信息，假冒家人、朋友行骗，或者传播不良信息。他们常常将行骗目标锁定在涉世未深的学生身上。电话、网络交流是一把双刃剑，怎样辨别不良信息，抵御不法分子的行骗，让我们的信息交流方便又安全？这是需要学生探究的迫在眉睫的问题。

▶ 目标与价值

1. 课前搜集、整理资料，让学生了解现代信息交流的多种方式和平台，以及它们的功能和优缺点分别是什么。

2. 在课内实践过程中，通过互相讨论和交流，让学生进一步认知生活中形形色色的现代化信息交流方式存在的各种安全隐患。

3. 通过对各种不法分子行骗案例的分析，提升学生辨别真伪信息的能力，增强其自我保护意识。同时要让学生认识到安全、文明使用网络平台也是每一个公民应尽的责任。

▶ 活动准备

学生：①调查人们的信息交流方式，以及收到过哪些不良信息等。②搜集人们因信息交流不当而受骗的案例。

教师：①准备有关信息交流的正面、反面案例及相关课件。②提前告知家长活动内容，为孩子上网搜集资料争取家长的支持与配合。

▶ 活动过程

活动一 讨论与交流

（一）问题

1. 人们都用什么方式与朋友或家人联系？各种信息交流平台的优缺点分别是什么？

2. 一些不良的信息、虚拟的网络世界给我们的生活带来了哪些困扰？

（二）步骤

1. 提出问题，整理资料。

（1）关于电话和互联网，大家了解多少？组织学生先以小组为单位交流自己对电话和网络信息的认识，然后将自己活动前搜集的文字、图片、视频等资料进行整理。最后让各小组派代表向全班同学进行汇报交流、展示。

（2）引导学生根据自己的了解对信息交流平台进行分类、比较，并填写表格。

表 4–1 不同信息交流方式的优缺点

信息交流方式	优点	缺点
电话	实时、语音交流	不能见面、不能传输图片等文件

（3）小结：当今社会已进入信息化社会，网络、数据化信息已渗透到人们生活、学习的方方面面。我们在享受电话、互联网带来的各种便利的同时，也不得不面对它们附带的一些问题。

2. 联系生活，深度思考。

（1）引导学生想一想：各种信息交流平台给自己的生活和学习带来了哪些便利？比如：

各种网络平台提供了丰富的信息和资源，可以通过网络浏览世界、认识世界，了解最新的新闻信息、国际动态等等。

（2）引导学生说一说不良的信息、虚拟的网络世界给我们的生活带来了哪些困扰？交流课前搜集到的不法分子通过各种信息交流平台进行不良信息传递、对人们行骗的案例。

（3）教师播放部分反面案例视频，引导学生观看。

①犯罪分子将虚构的寻人、扶困帖子以“爱心传递”的方式发布到网络上，引起善良网民转发，实则帖内所留联系电话是诈骗电话。

②犯罪分子搜集即将参加考试的考生信息，并拨打电话，称能提供考题或答案，不少考生心存侥幸，事先将好处费的首付款转入指定账户，后发现被骗。

③犯罪分子以“校讯通”的名义发送带有链接的诈骗信息，人们一旦点击链接进入后，手机即被植入木马程序，银行卡被盗刷。

活动二　实践与探究

（一）问题

1. 怎样辨别信息的真伪？

2. 如果收到不法分子的诈骗电话或信息该如何处理？如何增强自我保护能力？

（二）步骤

1. 分析原因，思考方法。

（1）引导学生根据上述案例或生活中的现象进行讨论、分析，不良信息的传递让人们上当受骗的原因有哪些？然后，让学生将有价值的想法记录下来。

不良信息的传递让人们上当受骗的原因分析：________________

____

____

（2）引导学生根据人们上当受骗的原因思考、交流、讨论辨别信息真伪的方法，然后再让大家详细整理、记录下来。

信息真伪辨别的小妙招：________________

____

____

2. 实践演练，呈现方法。

（1）课件展示案例。

何女士经常在微信朋友圈里晒豪宅、豪车以及名牌包，还晒出了孩子上学的学校等。何女士微信朋友圈里的小学同学胡某，因欠了很多债，竟产生了绑架勒索的想法，他从何女士晒出的女儿上学的地点入手，开始实施跟踪。

看到这个案例，你想对案例中的何女士说些什么？（引导学生自主思考，并指导他们独立写一段想对何女士说的话）

我想说：________________________________

（2）根据学生写给何女士的话，引导各小组思考、交流，整理出防骗的具体方案，并指导学生现场演练。

各组分 A、B 两小组：A 小组设计行骗方案，B 小组设计防骗方案。将方案及表演设想填在下表中。

表 4-2 表演方案表

表演主题		小组成员	
角色分配			
台词分配			
表演效果			

（3）实践，体验方法。

①各小组根据本小组设计的方案进行角色分工，组织演练。

②班内交流，现场评议。

活动三 拓展与延伸

（一）问题

1. 在现代网络社会中，如何做一名文明的网络人？

2. 用什么方式宣传辨别信息真伪的方法？

（二）步骤

1. 引导学生深入思考：如何在现代网络生活中做文明的网络人？与同学讨论、交流，并写一写自己的想法。

2. 引导学生在保护好自己的同时勇于“小手牵大手”，向身边、周围的人宣传“防范信息诈骗，注意辨别信息真伪”。小组讨论、交流运用什么方式宣传，并根据表格提示写好宣传活动方案。

表 4-3 宣传活动方案

活动主题			活动时间	
活动方式		小组成员		
活动内容				
活动效果				

3. 引导学生打开思维、交流总结。作为信息传播的文明使者，要以身作则行动不停步，将参与活动的收获、辨别信息真伪的方法，还有如何有效防范信息诈骗等有价值的成果与家人、邻居、朋友分享。

▶ 活动建议

1. 本活动的课堂部分建议两课时完成。第一课时联系生活实际，引导学生思考，引出讨论话题。然后引导学生查阅资料，调查信息社会存在的一些问题。第二课时引导学生根据生活中的反面案例思考：如果收到一些不法分子的诈骗电话或信息该如何处理，怎样增强自我保护能力？然后引导学生整理信息，形成研究报告，并组织学生实践演练自我保护的安全方案。活动最后，引导学生“小手牵大手”，制订宣传活动方案，做好宣传工作。

2. 在本次活动中，教师要对小组分工合作的有效性进行适时评价，并能恰当引导学生小组合理分工、团结协作。

3. 关于宣传方案的探索、研究，教师要关注方案实施的可行性和有效性，重点放在后期方案实施的协调上。这样才能有效提升学生的组织能力和践行力。

（本案例设计：田晓玲）

案例二　身边的二维码

▶ 活动背景

我们在生活中经常会看到二维码，二维码给我们的生活和学习带来了诸多便利，但很少有人懂得二维码为什么会如此神奇。从学生熟悉的事物入手，引导学生学习探究、学会发现是综合实践活动课程的主要目的之一。“身边的二维码”这一主题活动，就是让学生从熟悉的二维码入手，通过了解二维码的原理、二维码在生活中的广泛应用，学习使用智能设备来识别二维码，同时能利用在线网站平台或相关软件制作二维码，为自己的学习和生活服务。

▶ 目标与价值

1. 激发学生探究的兴趣，了解二维码的相关知识，会制作二维码。

2. 让学生学会从生活中的现象出发去探究，提高信息收集与处理的能力。培养学生的观察能力、探究能力、小组合作能力。

3. 培养学生自主提出问题、解决问题的能力，并能针对自己的发现与研究进行交流和展示。

▶ 活动准备

学生：课前搜集有关二维码使用情况的资料，准备手机或平板电脑等智能设备。

教师：准备手机或平板电脑等智能设备、课件、视频。

▶ 活动过程

活动一　交流与讨论

（一）问题

1. 二维码是什么样子？

2. 二维码的作用是什么？

（二）步骤

1. 创设情境，引出主题。

情境再现：教师根据视频叙述。

商场购买商品，扫一下二维码就可以付账。

作业不会写，老师不在身边，扫一下二维码就有视频讲解。

用 QQ、微信扫一扫二维码，可以加为好友。

公园、景区可以借助二维码为公众进行景点讲解。

扫二维码可以使用共享单车。

……

2. 小组讨论，交流感受。

（1）小组讨论：从刚才的视频中了解到什么？

小结：二维码用途广。二维码已经走进我们生活的各个方面，它给我们的生活带来了很大的便利。

（2）分组交流：你还在哪些地方遇到过可以扫二维码的情况？

小结：①扫一扫二维码，可以解决坐公交车没带零钱的问题；②扫一扫二维码，可以免费借阅、观看图书资料；③扫一扫二维码，还可以使用共享汽车；……

3. 揭示主题，引发探究。

二维码给我们的生活带来了这么大的变化，你们想知道二维码是怎样生成的吗？我们一起来探究“身边的二维码”吧。

活动二　实践与探究

（一）问题

1. 二维码改变了我们哪些生活习惯？

2. 凡是二维码都能扫吗？

（二）步骤

1. 分小组交流：二维码改变了我们生活的哪些方面？预设情境，小组实践，并填写表格。

第一组：使用二维码购物付款，并和二维码出现前的购物方式做对比，谈谈感受或将感受写下来。

第二组：在景点处扫二维码收听或观看景点介绍，并和二维码出现前的情况做对比，谈谈感受或将感受写下来。

第三组：扫一扫学习资料中的二维码，看看有什么发现，谈谈二维码出现后学习方式的转变。

第四组：用二维码收集信息。

……

表 4-4　二维码对人们生活和学习方式的改变

人们的生活和学习方式		习惯改变
二维码出现前	二维码出现后	

2. 组织学生讨论并查阅资料，回答下列问题：①二维码的四个角残缺了还能扫吗？②扫二维码后手机或平板电脑会不会中病毒？……

得出结论：①二维码残缺了，表示的信息就不完整，当然扫不出来。②并不是所有的二维码都是安全的，所以不要看见二维码就去扫，否则有可能会给你带来不可估量的损失。③看视频：随便扫二维码，银行卡被盗刷。

3. 小组交流：你还知道哪些二维码给生活带来的危害？

活动三　拓展与创新

（一）问题

如何制作二维码？

（二）步骤

1. 小组讨论，制作二维码。

（1）教师讲解制作二维码的步骤。

①打开智能设备应用市场，搜索二维码制作软件（例如：二维码、二维码生成器、二维码大师等），下载安装，或者使用微信小程序搜索“二维码制作”。②打开软件，选择你要制作的二维码类型（例如：文本、名片、网址、电子邮件等）。③选好类型后，输入信息，点击生成二维

码。④保存生成的二维码，分享给同学和朋友。

（2）指导学生在手机或平板电脑上打开制作软件，制作二维码。

（3）指导学生互相用手机或平板电脑中的软件扫一扫自己制作的二维码。

2. 课后延伸：可以组成小组，研究二维码的其他用途。

▶ 活动建议

1. 本次活动建议一课时完成。随着科学技术的日益发展，以网络技术为核心的信息技术已渗透到生活的各个领域，其中二维码就是信息技术在生活中运用最广泛的典型代表之一，广泛应用于物品身份标识、广告宣传、仓储物流、产品追溯、移动支付等诸多方面。“身边的二维码”这一综合实践活动就是为了让学生正确认识并合理运用二维码。活动一开始先设置情境，通过生活中的例子引出二维码的话题，接着通过观看视频，深入研究二维码在生活中的广泛运用。然后让学生组成研究小组，通过调查、对比、研究、分析，了解运用二维码不仅给生活带来便利，也带来了麻烦，最后通过自主探究，让学生制作二维码，从而使学生学会科学合理地使用二维码。在本活动中，教师要及时对小组的有效合作进行重点评价，指导学生在制作二维码的过程中积极参与操作，仔细观察、大胆猜想，通过合作学会制作二维码。

2. “身边的二维码”这一综合实践活动，对学生自主探究与分组合作的学习能力提出了更高的要求：课前学生以小组合作的方式，到附近的社区、商场、药店、银行、饭店等公共场所，通过大量的实地考察了解到二维码在我们的生活中应用广泛；课堂上以合作探究的方式分析二维码出现前后人们在学习、购物、出游、搜集信息等方面的不同，使学生感受到二维码带给生活的便捷。同时，活动对教师的综合能力和信息素养也提出了更高的要求：教师要主动适应网络教学的思想，学会通过网络获取、筛选、分析、加工、利用信息，将其转化为教学资源；要能够将传统知识处理成文字、图像、声音、动画等信息，形成生动的多媒体教学系统，弥补传统教学方式的不足；教师还要认识并学会使用各种相关的应用软件，以便更好地服务于教学。

（本案例设计：许英　唐晓铭）

案例三　邮件的旅程

▶ 活动背景

近年来，随着互联网的迅速发展，人们可以利用网络平台足不出户发电子邮件、邮寄包裹，网上购物也逐渐成为人们的新选择，电商的崛起让仓储的货物转变成网络发布的线上商品，同时也催生了快递行业的发展，最后线上商品由快递公司传递给消费者。一封电子邮件、邮政企业传递的信件或一个快递包裹的旅程究竟是什么样子？这也是信息网络时代为学生提供的实践、探究的课题。

▶ 目标与价值

1. 通过了解邮件的相关知识和它的发展史，让学生进一步认识信息网络时代为人们生活带来的便捷。

2. 在查阅资料的过程中，让学生感受互联网为相关产业带来的巨大变化，同时提升自身查阅资料、整理资料的能力。

3. 在深入探索网络购物方法、体验包裹种种旅程的过程中，让学生逐步培养严谨认真、积极探索的学习、实践精神。

▶ 活动准备

学生：①搜集与邮件相关的资料。②四名同学一小组，准备一部可上网的手机或一台平板电脑。

教师：制作活动相关 PPT。

▶ 活动过程

活动一 交流与整理

（一）问题

1. 什么是邮件？

2. 邮件的发展历程是什么？

3. 电子邮件的收、发方法是什么？其他的相关知识还有哪些？

（二）步骤

1. 谈话导入，引导学生思考并整理出邮件的内涵。根据学生提供的资料呈现如下：

邮件，是指邮政企业寄递的信件、包裹、汇款通知、报刊和其他印刷品等。邮政企业，是指中国邮政集团公司及其提供邮政服务的全资企业、控股企业。信件，是指信函、明信片。信函是指以套封形式按照名址递送给特定个人或者单位的缄封的信息载体，不包括书籍、报纸、期刊等。包裹，是指按照封装上的名址递送给特定个人或者单位的独立封装的物品，其重量不超过五十千克，任何一边的尺寸不超过一百五十厘米，长、宽、高合计不超过三百厘米。

2. 根据学生课前查阅的资料，引导学生回顾邮件的发展历程。

（1）古代有专门的邮政机构，有信使和专门为信使提供马匹的驿站。但这些基本是为皇家和官员服务的。平民百姓大致上是靠托人送信、口信和他人的描述来传达信息和了解远方亲人的情况。信鸽也是传递书信的工具之一，但大多用于军队之间传递情报。

（2）现代有了邮政企业，信件的旅程是：投递→邮车→信件分拣→飞机、火车、货车等运送→邮递员送达。

（3）随着网络时代的到来，邮件更是在人们的生活中扮演着不可缺少的角色。网络邮件收发频率远大于普通的邮递员送信，节约了成本，方便快捷。

3. 引导学生继续了解电子邮件诞生的历史。

说法一：世界上第一封电子邮件是计算机专家伦纳德·克兰罗克（Leonard Kleinrock）发给他的同事的一条简短信息。1969 年 10 月，克兰罗克在洛杉矶向斯坦福研究所研究员比尔·杜瓦传递了一个包含五个字母的单词“LOGIN”，意思是“登录”。在输入字母 G 的时候，仪表显示传输系统突然崩溃，通讯无法继续进行，于是“LO”成为世界上第一条互联网络传输的信息。

说法二：1971 年，程序员雷·汤姆林森（Ray Tomlinson）使用改进后的 SNDMSG 程序，在自己的计算机上通过 ARPA 网成功向另一台计算机的“邮箱”中发送了一条电子消息，而这条他事后连内容都记不起来的电子信息就成了世界上第一封真正意义上的电子邮件。

以两种说法为导入，引导学生通过自带手机或平板电脑进一步调查、了解电子邮件的相关知识。

4. 引导学生说一说电子邮件的旅程，并实践操作，发送电子邮件。

（1）引导学生根据平常发送电子邮件的经验说一说如何发送电子邮件，都有哪些步骤。

（2）让学生用可上网的设备在课堂上现场发送电子邮件。

5. 引导学生思考：电子邮件在传输旅程中会出现什么状况？

让学生先说一说自己遇到过的情况，比如邮件丢失、邮件未寄出等等。再引导学生分小组在课堂上用手机查阅了解电子邮件在传输旅程中会出现的一些情况。请各小组做好记录，然后班内交流。

活动二　实践与认知

（一）问题

1. 电商的出现给我们的生活带来哪些变化？

2. 随着电子商务的兴起而催生的快递行业是如何承载着包裹历经种种旅程的？

（二）步骤

1. 交流课前搜集的资料。

邮件是传递的函件和包裹等的统称，那么函件、包裹的旅程是怎样的呢？引导学生根据课前搜集的信息，总结现代邮局递送信件的过程。

2. 了解快递业务。

在现代信息社会，网上点击购物、网下收包裹成了人们生活中的一种常态，过去单一的邮政收发物品的服务已不能满足包裹骤增的需求，应运而生的快递公司充实着物流行业。

（1）引导学生了解快递公司的工作业务、工作流程有哪些，邮件包裹会历经什么样的旅程？出示一个包裹的自述。

3月5日6时，几辆满载包裹的运输车，缓缓开进“×××”快递公司的邮件处理中心。停靠、审查、核对，工作人员娴熟对接后，货车仓门被打开，我和小伙伴们被逐个摆放到一条很长的传送带上。工作人员迅速地寻找着寄达各地的代码，扫码后，第一时间将编码写在我和小伙伴们的身上。经过十几秒的路程，我被另一名工作人员挑选到所属区域的货车上，扫码、装车，动作一气呵成。当天上午，我的一部分小伙伴被送到航空邮件处理中心。在全自动分拣机上，它们通过一个个红外线扫描系统，被迅速分拣到不同归属地，操作人员待满袋后进行封格，扫描、打印后将袋子通过滑槽传递到装车口。一切准备妥当，等到各地飞机起飞前登机，它们将飞往上海、重庆、江苏等地开启下段旅程。我的其他伙伴被陆续送到火车站，有的要乘坐列车前往北京；而我则经过市内分拣被装进了专网投递的货车上。下午，我就会到达投递员手里；晚上，我就可以和我的主人见面了。

（2）通过包裹的自述和网上查阅，指导学生分小组整理物流快递公司的工作业务和工作流程。

活动三　实践与拓展

（一）问题

1. 在参观产业园过程中有哪些收获？

2. 在活动过程中，触动了哪些新想法？

（二）步骤

1. 实践、体验。

在了解了邮件（信件和包裹）的基本知识和它们的旅程后，组织学生集体走访市产业园，体验分拣、发货等流程。在出发前指导学生以小组为单位提出社会实践要完成的几个问题，并做好合理分工。

（1）参观网络销售公司，采访公司销售部员工，了解如何选择网络平台、在网络平台中如何销售商品、如何确认售货、在网络售货过程中有哪些注意事项等。

（2）参观网络售货发货中心，观看出单、打包、整理包裹、手持PDA扫码记录的流程。

（3）参观物流速递中心，实地观看揽货、分拣、发货等流程。

（4）组织学生以小组为单位，以小小快递员的身份，在快递员的带领下实践投递、运送快件等活动。

2. 评议、小结。

社会实践结束后，组织学生以实践活动前各小组提出的要解决的问题为指引，交流实践体会，进行反思、总结，并提交体验日记。

3. 讨论、延伸。

本次活动可以延伸出的话题还有：①电子邮件在什么样的情况下会丢失？②包裹在旅途中会遇到什么危险？③在实体店买东西和在网上买东西各有什么利弊？……

▶ 活动建议

1. 本活动建议分三个阶段完成。第一阶段，通过问题情境，组织学生进行讨论，交流揭示课题，并引导学生正确上网查阅资料，探究电子邮件的旅程。第二阶段，引导学生了解网络购物，和伴随它一起兴起的物流快递产业，从而了解包裹经历的种种旅程。第三阶段，组织学生通过社会实践体验包裹经历的旅程，并让学生用发现的眼光去探究新问题。活动最后，引导学生设计规划：学校少年邮局如何改变经营模式，与现代信息化社会接轨？

2. 在本次活动中，教师适时对小组分工、小组合作过程进行有效评价，关注小组成员是否真正做到团结协作、分工合理。

（本案例设计：田晓玲）

第二节　手工制作

案例一　学做蛋炒饭

▶ 活动背景

根据对现代中小学生自理能力的现状调查，发现能够经常打扫卫生的孩子很少，会做饭的更是寥寥无几。中小学生的自理能力不容乐观，让学生学会做饭、做家务至关重要。通过开展实践活动，让学生学习和掌握日常生活、自我服务的基本知识和技能，培养学生独立生活的能力、友好相处的精神以及适应现代家庭生活的良好素质，从而提高生活质量，树立美化生活的志趣与理想。

▶ 目标与价值

1. 引导学生学习并掌握家常蛋炒饭的基本烹制方法，并在传统蛋炒饭的基础上有所创新。

2. 通过实践活动培养学生的生活自理能力，养成主动做力所能及的家务的好习惯。

3. 让学生在活动中体会劳动的乐趣，树立正确的劳动观点和劳动态度，学会智慧生活、快乐生活。

▶ 活动准备

学生：①材料：每组备冷饭一碗、鸡蛋三个、香菇、胡萝卜、火腿、青豆、葱、油、盐等。②防护服：厨师帽、围裙、袖套。

教师：①工具：电磁炉、铁锅、锅铲、水果刀、盘子、筷子。②材料：示范用的冷饭、鸡蛋、香菇、胡萝卜、火腿、青豆、葱、油、盐等。③多媒体课件。

▶ 活动过程

活动一　交流与讨论

（一）问题

1. 做蛋炒饭需要哪些材料？

2. 做蛋炒饭需要的材料分量怎么安排？

（二）步骤

1. 创设情境，导入活动。

（1）谈话激趣：一个人在家时怎么解决肚子饿的问题？

（2）图片展示蛋炒饭成品。

（3）揭示课题——“学做蛋炒饭”。

2. 小组讨论。

（1）观察屏幕上蛋炒饭的图片。结合自己的生活经历，猜想做家常蛋炒饭需要的材料有哪些、怎么做。

（2）学生自主探究蛋炒饭需要的材料和烹制步骤。

（3）学生交流探究结果。

（4）教师引导学生探讨材料分量安排。

（5）师生讨论后归纳，完成用料计划表。

蛋炒饭用料计划

原料：米饭 400 克（约一碗），鸡蛋 150 克（约 3 只），火腿 50 克（一个鸡蛋大小的块状），胡萝卜 100 克（约 1 根），竹笋 50 克（一个鸡蛋大小的块状），青豆 30 克（约 2 勺），香菇 30 克（约 3 只），葱 10 克（约 1 根），食用油 15 克（约 3 汤匙）。

调味料：盐 5 克（约 1 汤匙），鸡精 2.5 克（约半汤匙），酱油 5 滴。

3. 总结归纳。

（1）让学生明白计划的重要性，按计划做事可有效避免浪费和盲目消费。

（2）学习制订本组的用料计划。

活动二　实践与探究

（一）问题

1. 做蛋炒饭的步骤是什么？

2. 怎样使蛋炒饭色、香、味俱全？

（二）步骤

1. 学习烹饪方法。

（1）学生观看做蛋炒饭的示范短片。

（2）小组讨论做蛋炒饭的基本步骤。

（3）教师总结并出示烹制步骤。

①对原材料进行加工，打蛋、切丁等；②用旺火热锅，然后将油倒入，并稍微摇晃一下，以润锅；③调中火倒入蛋液，翻炒成小块或细条状；④放入葱花、火腿丁、胡萝卜丁等进行翻炒，加少许水、盐、鸡精、酱油；⑤放入米饭，利用锅铲略压；⑥最后撒上葱花，稍翻炒装盘。

2. 小组合作烹制家常蛋炒饭。PPT 出示提示：

①使用刀具注意安全，不要切伤；②搅拌鸡蛋时，记得放盐；③翻炒时间不宜太久，防止糊锅。

3. 教师巡视指导。

活动三　拓展与创新

（一）问题

怎样创新蛋炒饭?

（二）步骤

1. 合作创新。

（1）出示别的样式的蛋炒饭图片，让学生说说里面加入了什么?

（2）小组讨论：在蛋炒饭中可加入什么?

（3）再次请学生烹制创意蛋炒饭，出示要求：

①根据自己的口味，灵活运用目前所拥有的材料。②小组分工合作，烹制一份色、香、味俱全的具有新意的蛋炒饭。③操作时注意安全。

（4）学生烹制特色蛋炒饭。

2. 展示评价。

（1）每组选派一名“美食家”作为评委，组成评审小组。

（2）每组派一位同学对自己组的作品做简单介绍，重点介绍与众不同之处。

（3）评审小组品尝，然后从色、香、味、形四个方面打分。

（4）宣布奖项。

（5）学生品尝自己的劳动成果。

3. 拓展延伸。

（1）播放“扬州炒饭”的烹制视频。

（2）介绍扬州炒饭的变革过程：①油的变化：以前用猪油，脂肪高；如今用色拉油，低脂肪。②配料增多：各地人们根据自己的口味，给蛋炒饭加入了不同的配料。

4. 畅谈收获。

（1）小组内交流。

（2）小组派代表上台交流。

▶ 活动建议

1. 本次活动建议两课时完成。第一课时通过创设生活情境，引出讨论话题，激发学生烹制美食的兴趣，引导他们了解蛋炒饭的主料和辅料，明白合理安排原料的重要性，观看蛋炒饭烹制视频并初步尝试做蛋炒饭。第二课时有了第一课时的基础，学生有了一定的实践经验，此时教师引导学生进行创意蛋炒饭烹制，培养学生的创新精神和热爱生活的态度。

2. 在学生操作过程中，教师要提示刀具的使用技巧，确保安全使用。如在切丁时，必须一手持刀，一手按住需要切割的物品，刀口始终朝外，开始缓慢，熟练后再加快。由于胡萝卜是圆柱形的，学生切胡萝卜时容易滚动，容易伤到手，建议教师将胡萝卜削成长方体形状的一段给学生。开展烹饪方面的实践活动，食品安全教育很重要。教师最好提前准备好食材，以免发生学生误将亚硝酸盐当作食盐或者味精、冰糖使用，而导致食物中毒的事件。需要注意的是，有的学生家长以为孩子只是做着玩玩儿，不可能吃，因此会给孩子提供变质的食材，如有点儿腐烂的水果，家长把腐烂的部分去掉，让学生带来。殊不知，即使将腐烂的部分削除，致病菌也可能残留在食品上，一旦食入体内，很有可能损害健康。此外，学生在品尝的时候，要注意先使用公筷或者公勺把食物盛入自己的器皿中，这样既可以避免口腔唾液的交叉污染，也有助于阻断食品中的病菌进一步扩散和传播，从而有效地保证食品的安全卫生。

（本案例设计：杨金珍　许英　刘陈燕）

案例二　制作树木盆景

▶ 活动背景

盆景是中国优秀的传统艺术之一，是自然美与艺术美的结合，是活的艺术品，是一种“立体的画，无声的诗”，具有很高的观赏价值和经济价值。随着社会经济的日益繁荣与人民生活水平的提高，盆景作为一种美化居室、陶冶情操的高雅艺术品进入了千家万户。盆景制作是一个创作的过程，是人通过主观思维，根据客观存在进行高度概括、去粗取精、留形传神的一系列艺术构思和艺术加工。开展盆景制作的实践活动，不仅可以陶冶学生的审美情操，还可以培养学生的动手操作能力、合作能力以及创新能力。

▶ 目标与价值

1. 引导学生了解树木盆景的种类和特点，以及选择树木的要求。

2. 使学生初步掌握树木盆景上盆的一般方法和基本技法，激发学习盆景制作的兴趣，感受盆景创作的乐趣，提高审美情趣。

3. 通过树木盆景制作活动，培养学生主动学习和探究的习惯，提高动手操作能力以及创新能力。

▶ 活动准备

1. 工具和材料：黑松苗、花盆、培养土、窗纱、洒水壶、枝剪、剪刀、钢丝钳、钉耙、锹、铁丝、沙土、竹签、喷雾器、碎瓦片等。

2. 课件、盆景实物等。

▶ 活动过程

活动一　调查常见的盆景树种及造型

（一）问题

1. 可以用来做盆景的树种有哪些？

2. 有哪些盆景造型方法？

（二）步骤

1. 创设情境，引入课题。

（1）出示盆景图片，引出话题——常见的盆景树种有哪些？

（2）学生联系生活思考并交流自己知道的一些盆景树种的名称、特点及习性。

（3）教师再次出示一些盆景图片，让学生观察并思考盆景造型的种类。

（4）学生交流自己的想法。

2. 方法指导，制订计划。

（1）出示调查计划的样表，简析计划的结构。

（2）教师指出计划要点内容，包括调查的人员、时间、场所等。

（3）学生分组，讨论制订调查计划，设计调查表。

表 4–5　盆景树种调查记录表

编号	树种名称	生长环境	主要特征描述

表 4–6　盆景造型调查记录表

序号	盆景造型	特点

3. 实地调查，做好记录。

（1）教师强调注意事项：①在调查中要注意安全，爱护花草，不折枝、不摘花、不碰苗。②一边调查一边记录。

（2）学生根据分工，开展调查，及时收集相关材料（记录、拍照等）。

4. 掌握方法，整理统计。

（1）教师指导学生对盆景树种进行分类。

（2）各组学生尝试对调查的盆景树种进行分类，并完成调查报告。

（3）教师指导学生对盆景造型进行分类。

（4）各组学生尝试对调查的盆景造型进行分类，并完成调查报告。

5. 展示交流，不断完善。

（1）各小组向全班同学汇报调查过程、结果和体会，或提出在调查中所想到的问题，与其他小组交流。

（2）各组通过展示交流，完善本次调查活动的报告。

活动二　树木盆景的制作方法

（一）问题

树木盆景的制作方法有哪些？

（二）步骤

1. 学生交流自己观看树木盆景上盆的经历。

2. 认识工具材料，探究技法。

（1）出示树木盆景制作所需的工具材料，并说明其用途。

（2）组织学生联系生活，分组讨论、交流制作盆景的一般方法。

（3）结合实物，教师介绍树木盆景造型的三大原则。

原则一：意在笔先。盆景与画画的道理相通，以盆为纸，以树作画。面对一个桩材，首先要考虑其形态是否合意，结构是否得体，想表现什么景致，寄寓哪种心境，然后决定取舍、截剪、加工，这就是因材立意。另外，还有立意选材，即先定形式、内容、造型、意境，再寻觅选择桩材。

原则二：师法自然。树木盆景是活的艺术，均应美在自然，源于自然。出示下图，讲解树木的自然形态。

图 4–1　树木的自然形态

原则三：因势造型。谨防概念化、公式化，要因材而异，顺势造型，把握树势特征。

①主干定势。主干伸延及其生长的方向、角度，决定了树势的特征。出示下图讲解。

顶天立地之势　　潇洒飘逸之势　　逶迤升腾之势

图 4–2　树木主干定势特征

②枝助势。主干定势枝辅佐，枝的走向可助势。如枝干反向延伸，造成对抗矛盾显力以助势。出示下图讲解。

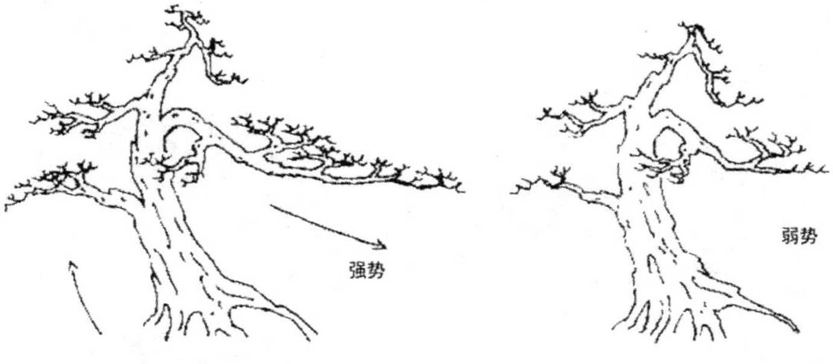

图 4–3　枝干反向延伸

③根基稳势。根基为势的基础和起点，与干匹配，相得益彰。如“假山”丛林以“山”代根，具有托起层林竞秀之势。出示下图讲解。

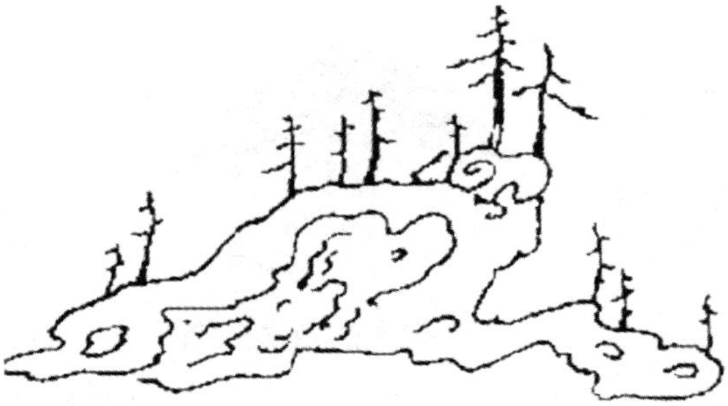

图 4-4 “假山”丛林之态

（4）提醒：树木盆景中选择的树木，苗要健壮，且无病虫害。

（5）教师现场演示，并讲解树木盆景制作的步骤。

步骤一：因材立意——“迎客”。（也可立意取材）

步骤二：巧于布局。宾主分明，变化统一。

步骤三：剪裁、加工。出示下图，把多余的枝条剪去，留下造型需要的枝干。

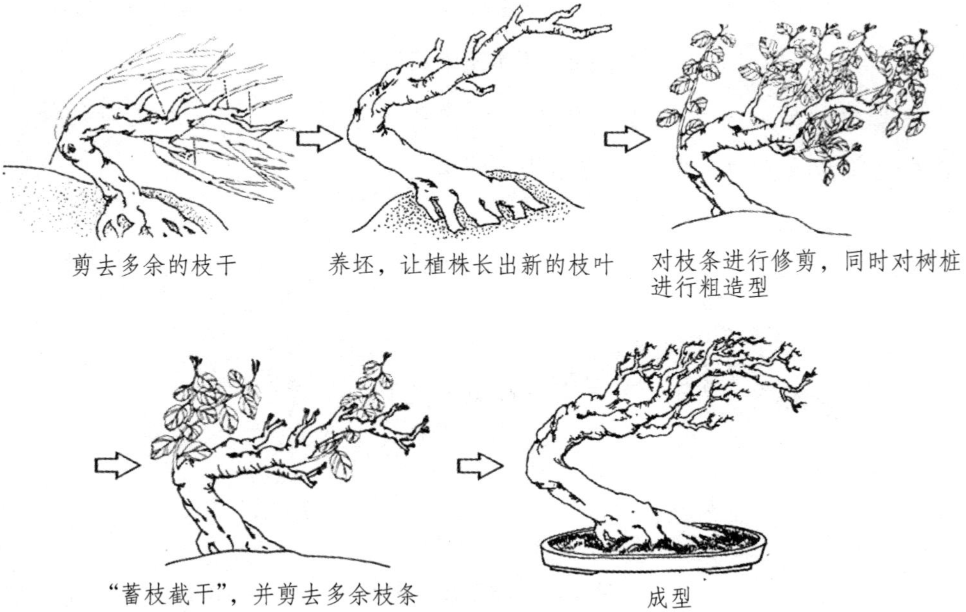

图 4-5 朴树卧干式盆景的制作图解

活动三 树木盆景的制作与展示

1. 合理分工，实践发展。

（1）学生操作前，教师出示制作要领。

树木盆景造型的要领：倾斜式树木盆景应该是在树木盆景中为数最多、最为普遍的一种形式，是变化最为丰富的一种形式，所谓“一斜则千变万化”。倾斜式树木的造型口诀为：斜曲多姿，几见波折，动势飞扬，力求均衡。

小贴士：不同树种由于特点的不同，其造型加工方法也有所差异。一般对于松柏类及萌发力弱的树种，以攀扎为主。对于榔榆、雀梅、福建茶、三角枫等萌发力强的树种，可以修剪为主。用攀扎法加工的树桩，造型自如，曲折多变，且成型较快；用修剪法加工的树桩，则苍劲自然，但成型较慢。

（2）学生分组，完成树木盆景的上盆操作。

（3）巡视、指导，解决学生操作中出现的问题。

2. 展示评价，拓展延伸。

（1）作品展示。

（2）交流盆景上盆的经验与体会。

（3）出示其他技法制作的盆景图片，让学生尝试其他树木盆景的上盆实践。

▶ 活动建议

1. 本活动共需四课时。第一、二课时，通过调查走访、讨论交流，让学生认识、了解盆景树种的特征以及盆景造型的技法；第三、四课时，指导学生完成盆景的上盆操作，让学生掌握盆景制作的基本方法、基本技法。

2. 在活动开展前，教师一定要让学生走访盆景市场或者参观当地的盆景园，了解造型的方法和流程，基本了解造型的技艺，为盆景造型做知识和能力的积淀。在实践盆景上盆时，为提高上盆的质量，教师可先进行示范操作，再按4—5人一组进行分组练习。此外，建议将评价过程作为引导学生进一步主动学习的过程，通过评价激发学生学习盆景的兴趣，促进学生对相关知识和技术的消化理解。评价时既要注重对盆景作品的评价，也要对学生盆景操作过程中劳动态度、操作规范、熟练程度、团队合作精神等方面进行评价。既可以通过教师点评、学生互评进行作品展示评价，也可以通过自评、撰写操作后的心得等方式评价。

3. 活动中学生的积极性和参与热情很高，通过开展这样的活动，学生获得了了解和发展自我的机会。学生通过活动中的成功满足了自我实现心理的需要，促进了自身人格的不断完善和发展，培养了互相帮助、正确认识自我的良好品德。同时，在制作盆景的过程中体验到了劳动可以创造美，领悟了大自然的无穷魅力，增进了热爱祖国山河、建设美好家园的情感。

（本案例设计：杨金珍）

案例三　制作木质笔筒

▶ 活动背景

同学们都有各式各样的文具，如果这些文具散放在桌面上，就会显得很零乱。如何让自己的桌面保持干净整洁呢？设置贴近学生实际生活的情境，引出话题，引起学生共鸣，引导学生思考，激发学生动手自制笔筒的兴趣。带领学生一起探讨木质笔筒的制作方法，并引导学生自主设计、制作一个木质笔筒，提升学生的劳动与技术能力。

▶ 目标与价值

1. 引导学生通过对木工制品的观察、分析，理解其制作原理，了解简易木工制品的一般制作流程。

2. 让学生在活动过程中能够学会正确、安全使用木工工具，完成简易木质作品的制作，基本能掌握简易木工制品的制作要领，并能在实践中做出一些改进和创新。

3. 在制作过程中引导学生逐步养成认真负责的劳动态度，严密精准、严谨务实的劳动技能与素养。

▶ 活动准备

学生：①在家长的指导下练习使用小型家用木工锯。②准备刻刀、锯子、砂纸、乳胶、软毛刷、尺子、2B 铅笔、小型泡桐薄木块。

教师：准备笔筒成品、活动相关 PPT。

▶ 活动过程

活动一　讨论与交流

（一）问题

1. 桌面上出现乱放的笔、尺等文具，可以靠什么协助收纳？

2. 怎样制作一个木质笔筒？需要哪些工具和材料？

（二）步骤

1. 看视频，激发学生兴趣。

（1）播放视频，引出问题。

大家好，我的名字叫笔筒。我的主人是个小马虎，因为他经常将一些学习用品，比如：铅笔、钢笔、尺子、橡皮……乱丢乱放，等需要用的时候就到处找。后来他有了我，再需要找那些学习用品时，就一点儿也不费劲了。现在我是他形影不离的好朋友了。我很喜欢跟爱学习、会收纳的孩子交朋友，你们想不想跟我做朋友呢？

（2）看完视频，引导学生自主思考并回答问题：遇到文具没有地方放的情况怎么办，可以借助什么进行收纳？

2. 进一步引导学生观察、思考。

（1）出示木质笔筒成品，引导学生观察，自主探索它的制作特点和制作材料。

（2）学生交流制作材料和工具。

教师在学生回答的基础上，补充完整并出示工具和材料图片。

制作一个木质笔筒需要的工具有：尺子、铅笔、锯子、刻刀、砂纸、软毛刷；材料有：泡桐木块、乳胶。

（3）引导小组讨论、交流：怎样制作一个木质笔筒呢？同时，提醒各小组长做好记录，然后班内交流。

3. 看视频，学方法。

（1）引导学生认真观看制作木质笔筒的视频，提醒学生听清楚每一步的注意点。

（2）看完视频引导学生交流木质笔筒的制作过程，同时说出制作注意事项。

第一步：画线。根据笔筒尺寸大小的需要，用 2B 铅笔在准备好的木板上画上线条。为了美观，可在笔筒上部边缘画弧线。

第二步：下料。用锯子沿线条锯下木块。注意安全使用工具，不要伤到手。

第三步：修理。弯角、细微处可以用刻刀修理。

第四步：打磨。用砂纸打磨成型木块，磨掉棱角，使木块光滑。

第五步：胶合。在木块的边上涂上乳胶，分别粘上四面筒身和筒底。粘好之后，提醒学生要在阴凉处摆放一会儿，等胶干了之后，再进行下一步操作。

第六步：再打磨。用砂纸打磨已完成的成品笔筒，进行磨边、磨面等操作，使笔筒整体光滑。

第七步：完成。一个比较实用的木质笔筒就做好了，可以放入文具试一试。

活动二　实践与探究

（一）问题

制作木质笔筒的过程需要注意什么？

（二）步骤

1. 引导学生再次回忆并简述木质笔筒的制作步骤。

2. 分小组，提要求。

（1）引导学生以小组为单位，进行合理分工。

（2）提出制作要求：

①小组分工明确，团结合作，按步骤制作一个笔筒；②制作过程中要注意安全使用工具；③制作完成后及时整理桌面。

3. 自主完成，鼓励创作。

指导学生以小组为单位，分工合作完成一个木质笔筒，并提醒学生可以根据自己的喜好，在笔筒上画上喜欢的色彩和图案，也可以有自己的创新。

活动三　评价与拓展

（一）问题

1. 在制作笔筒的过程中，同学们有哪些收获和体会？

2. 你们小组的作品优点在哪里，还有哪些可以改进的地方？

3. 还有哪些材料可以用来制作造型美观、功能多样的笔筒？

（二）步骤

1. 亮相、交流。

各小组派代表将自主完成的作品（可以是做得不太好的作品）展示给大家看，并说一说在制作过程中的心得，也可以说一说在制作过程中的困惑。

2. 自评、互评。

课件出示评价表，引导小组讨论并自评本小组作品，同时在小组内根据自评和互评的结果完成评价表，在对应的“☆”“☆☆”“☆☆☆”

栏打“√”。

表 4–7 评价表

等级 评价项目	☆☆☆	☆☆	☆
材料完备			
操作熟练			
创意新颖			
作品完美			
注意安全			
团结协作			

（注：优秀选☆☆☆，良好选☆☆，一般选☆，在对应的表格内打“√”）

3. 展示、品鉴。

各小组分别推选一位同学作为作品发言人，向大家介绍一下本小组的作品，然后全班推选出 4—5 个最好的作品，展示出来，供大家学习、鉴赏。

4. 拓展延伸。

（1）通过 PPT 向学生展示几个不同材质、式样的笔筒。

（2）鼓励、引导学生根据生活经验交流讨论：还有哪些材料可用来制作笔筒，可制作出什么式样的笔筒？

5. 反思、小结。

引导学生反思、交流。教师进行小结：只要善于动脑，勤于动手，大家的巧手一定能制作出样式更好看、更实用的笔筒或其他文具，让自制文具成为同学们的学习好伙伴。

▶ 活动建议

1. 本活动建议两课时完成。第一课时通过创设问题情境，引出讨论话题，激起学生做笔筒的兴趣，并了解制作笔筒需要的材料、工具和制作步骤，完成一些比如画线、切割的准备工作。第二课时教师继续指导学生进行胶合、打磨，形成成品，鼓励学生对笔筒进行装饰美化。

2. 活动中，教师要依据评价表适时组织学生自评、互评，并对优秀作品进行重点评价，同时渗透“立足过程，促进发展”的理念。

（本案例设计：田晓玲）

第三节　科学技术

案例一　趣味编程——小蝌蚪找妈妈

▶ 活动背景

随着互联网行业的发展，越来越多的孩子开始学习编程。编程代码可能会成为未来世界的通用语言，编程会和听、说、读、写、算一样，成为孩子必须掌握的技能。Scratch 是麻省理工学院的“终身幼儿园团队”开发的图形化编程工具，主要面对青少年开放。Scratch 编程可以为零基础的孩子打开一片天地，让孩子轻松学会编程。《小蝌蚪找妈妈》的故事在我国可以说是家喻户晓，将中国的童话故事与编程语言相结合，将会大大激发学生学习编程的兴趣。

▶ 目标与价值

1. 帮助学生认识 Scratch 软件，熟悉各模块的功能，能够理解角色的概念，学习添加角色的方法，并能够掌握设置背景的方法。

2. 引导学生学习使用“重复执行”控件及其他常用控件。通过具体的脚本编写，掌握 Scratch 的基本编程过程。

3. 培养学生对脚本编写的学习兴趣，激发求知欲，发展学生的创新思维。

▶ 活动准备

学生：下载安装 Scratch 2.0，初步了解 Scratch 软件的主要界面和功能。

教师：制作《小蝌蚪找妈妈》脚本编写过程的 PPT。

▶ 活动过程

活动一　认知和交流

（一）问题

Scratch 是一个什么样的编程软件？

（二）步骤

1. 安装 Scratch 2.0。

2. 打开 Scratch，介绍 Scratch 界面。

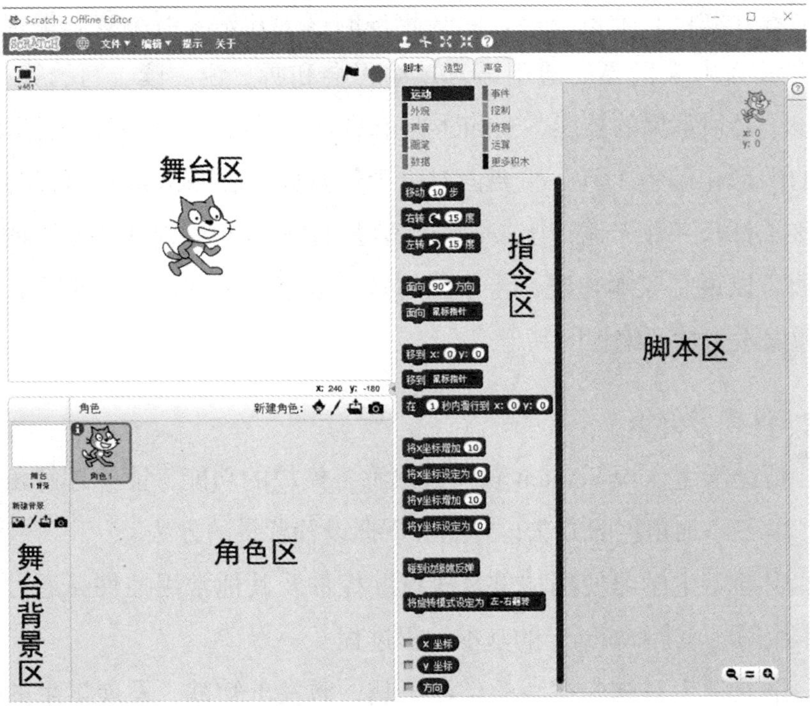

图 4–6　Scratch 界面

图 4–6 是 Scratch 软件的完整操作界面，主要分成 5 个功能区：舞台区、舞台背景区、角色区、指令区、脚本区。

3. 学生以小组为单位互相交流。

活动二　操作与创建

（一）问题

1.《小蝌蚪找妈妈》故事中有哪些角色？怎样创建这些角色？

2. 故事发生在什么地方？怎样创建这个背景？

（二）步骤

1. 学生讲《小蝌蚪找妈妈》的故事。

2. 分析故事中的角色。

3. 创建角色。

4. 学生相互探讨、总结。

（1）点击 ，可以选择添加软件自带的角色。

（2）在网络上寻找合适的角色造型。也可以采用自己拍的照片。

5. 画角色。

点击 ，可以在造型区画出所需的角色。

6. 思考，画背景。

提问：故事发生在什么地方？怎样创建这个背景？

学生点击 

后，在造型区画出所需的背景。（也可以选择软件自带背景）

7. 师生评议哪个学生画得最好。

活动三　设计与编写

（一）问题

1. 已经创建好小蝌蚪、鸭妈妈、小鸭、鲤鱼、乌龟、青蛙等角色，这些角色都要做哪些动作？说些什么话？

2. 怎样让每个角色活动起来，并且能互相对话？

3. 在编写脚本时应该注意什么？

（二）步骤

1. 各角色的动作流程设计。

（1）小蝌蚪的动作：

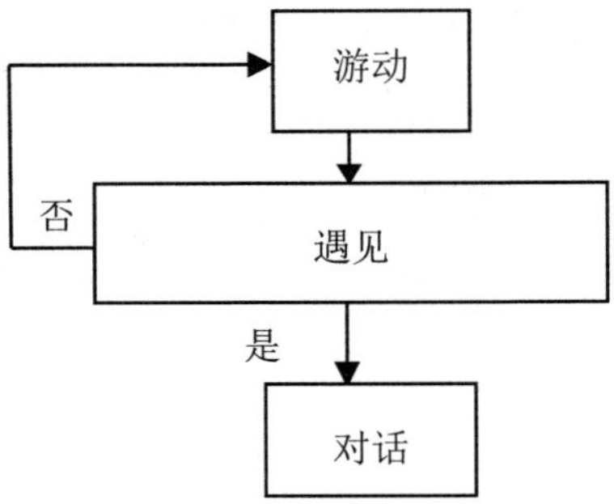

（2）鸭妈妈、鲤鱼、乌龟、青蛙的动作：

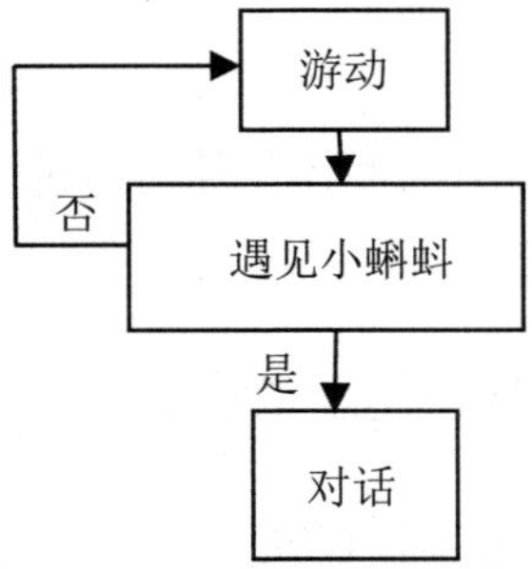

（3）小鸭的动作：

2. 角色语言。

（1）小蝌蚪与鸭妈妈的对话。

小蝌蚪：鸭妈妈！鸭妈妈！

鸭妈妈：小蝌蚪有什么事吗?

小蝌蚪：小鸭子有妈妈，我们的妈妈是什么样子的呀？您见过我们的妈妈吗?

鸭妈妈：看见过，你们的妈妈有两只大眼睛，嘴巴又阔又大。好孩子，你们到前面去找吧。

小蝌蚪：谢谢您，鸭妈妈!

（2）小蝌蚪与鲤鱼的对话。

小蝌蚪：妈妈！妈妈!

鲤鱼：小蝌蚪，我不是你们的妈妈。

小蝌蚪：我们的妈妈在哪里?

鲤鱼：你们的妈妈有四条腿，再去其他地方找找吧。

小蝌蚪：谢谢您!

（3）小蝌蚪与乌龟的对话。

小蝌蚪：妈妈！妈妈!

乌龟：小蝌蚪，我不是你们的妈妈。

小蝌蚪：我们的妈妈在哪里?

乌龟：你们的妈妈是白肚皮，再去其他地方找找吧。

小蝌蚪：谢谢您!

（4）小蝌蚪与青蛙的对话。

小蝌蚪：妈妈！妈妈!

青蛙：孩子们，我是你们的妈妈。

小蝌蚪：太好了，我们终于找到妈妈了!

青蛙：我们可以一起生活了!

3. 讨论修改。

师生讨论，对话内容可以根据学生反馈情况进行修改。

4. 编写脚本。

（1）小蝌蚪在水中自由自在地游动。

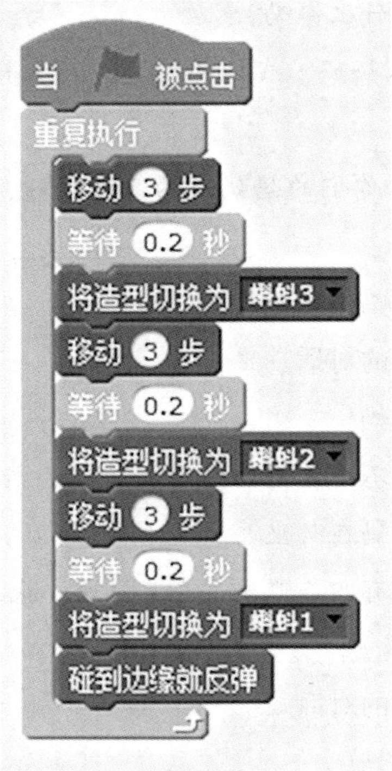

（2）编写小蝌蚪碰到鸭妈妈要说的话。等待 2 秒是等鸭妈妈的回话。角色中有三只小蝌蚪，只要让其中一只说话就可以了。其他两只四处游动。

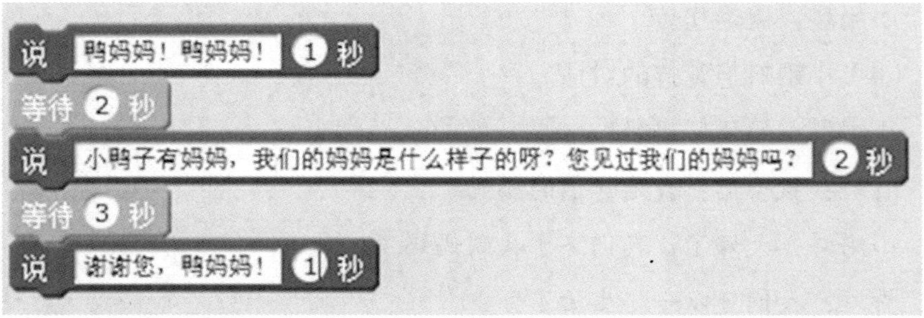

（3）因为要与鸭妈妈相遇后才能对话，所以脚本还要进行修改。指导学生在编写过程中不断进行调试。调试也是编程的一个重要组成部分，在调试中不断完善脚本。

（4）鸭妈妈的脚本编写。

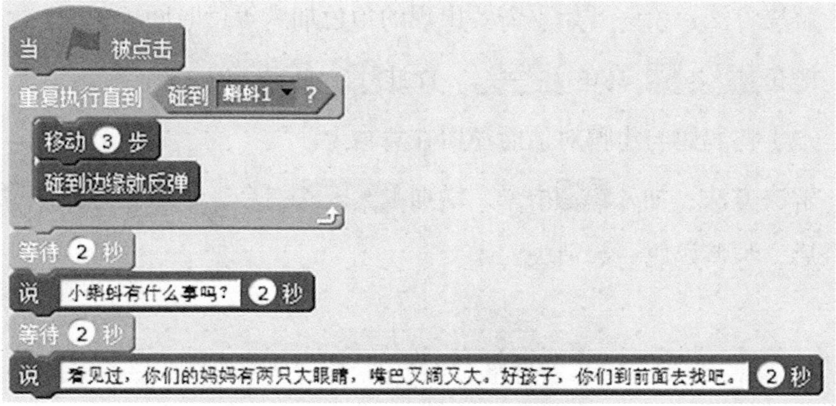

（5）两只小鸭的脚本编写。故事与小鸭关系不大，就让它们自由自在地游动吧。

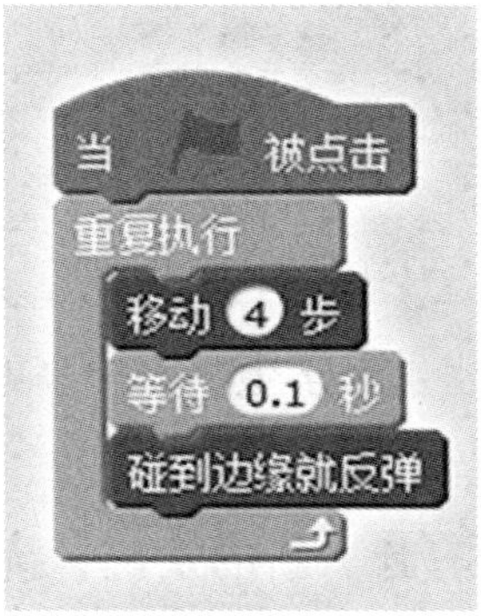

（6）鲤鱼、乌龟、青蛙的脚本编写。因为与鸭妈妈的脚本类似，教师引导学生自主完成，在调试中发现不足，进一步修改、完善。

活动四 发现与衔接

（一）问题

1. 在脚本运行时发现了哪些问题？

2. 怎样解决这些问题？

（二）步骤

1. 各角色同时出现的问题。

（1）因为没有设定角色出现的时间，小蝌蚪、鸭妈妈、小鸭、鲤鱼、乌龟、青蛙全部出现在舞台上，显得杂乱无章。

解决方法：给一开始不需要出现的角色加入等待时间。

鲤鱼 等待25秒 乌龟 等待45秒 青蛙 等待65秒

（2）鸭妈妈与小鸭对话后还留在舞台上。

解决方法：加入 隐藏 指令，增加 广播 消失1 指令，让小鸭接到 广播 消失1 指令后，与鸭妈妈一起消失。

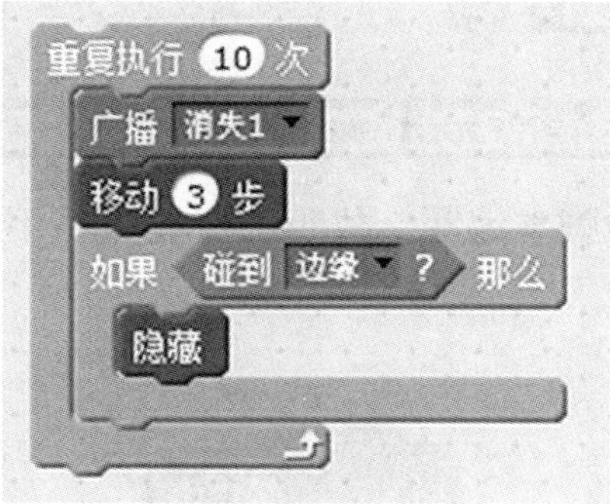

（3）其他角色也按照这个思路进行修改。这个过程需要耐心、细致，不断调试。修改调试的过程也是学生复习提高的过程。

2. 引导学生反思、交流。

提问：在编写过程中有什么新的发现、新的想法、新的解决方法？鼓励学生互相学习、共同进步。

活动五　拓展与创新

（一）问题

1. 能给这个脚本加个片头和片尾吗？怎么加？

2. 还有什么可以用来编程的好故事？

（二）步骤

1. 谈话导入，引导思考。

提问学生能否给这个脚本加个片头和片尾？如能加，怎么加？

（1）分组讨论，自主完善脚本。

（2）展示各小组作品，师生点评，并提出改进意见。

（3）鼓励学生完善各自的作品。

2. 反思总结，课后延伸。

活动中有哪些收获？操作过程中存在哪些不足？还有什么可以用来编程的好故事？

（1）分组讨论、交流，说一说自己操作过程中的收获和不足。

（2）全体交流，选出最好的编程故事。

（3）鼓励学生利用课余时间独立完成一个自己的编程作品。

（4）引导学生反思、小结：通过这次的学习，思维能力、编程能力都得到了很大的提高，将来也想成为一名优秀的程序员。

▶ 活动建议

1. 本活动建议六课时完成。鼓励学生动手动脑，能对 Scratch 各功能区、各指令有充分了解，熟悉编程的流程。

2. 在编程过程中，及时关注学生的创意，努力激发学生对编程的兴趣，为学生能自主编出更好的作品打下良好的基础。

（本案例设计：张春祥）

案例二　神奇的洗发水

▶ 活动背景

洗发自然会用到洗发水，市场上部分洗发水化学成分多，对头发有一定的伤害，我们是不是可以制作更安全的洗发水？主题贴近学生生活，引导学生自制洗发水，学生感兴趣，也有意义。教师为学生创设一个宽松自由的探究环境，促使学生在与材料的互动中建构经验，激发学生探索的欲望，培养学生对常见科学现象探究的兴趣。

▶ 目标与价值

1. 通过制作洗发水的小实验，让学生在动手活动中产生愉快的情绪和科学探索的兴趣。

2. 在实践过程中，构建学生的科学概念；在动手操作的过程中，培养学生的操作规范性，提升学生良好的科学探索精神。

▶ 活动准备

学生：①课前了解生活中购买的洗发水有哪些成分。②准备量杯、有压嘴的塑料瓶、搅拌棒、色素、香精、十二醇硫酸钠、氯化铵、温水。

教师：准备洗发水一瓶，以及量杯、有压嘴的塑料瓶、搅拌棒、色素、香精、十二醇硫酸钠、氯化铵、温水。

▶ 活动过程

活动一　讨论与交流

（一）问题

1. 家里的洗发水是什么样子的？

2. 是洗发水里的什么成分将头发洗干净的？

（二）步骤

1. 情境导入，引出话题。

（1）出示卡通图：小猴子在路上走着，突然一只鸽子从头上飞过，嗯？头上有异物，手一摸，哇，鸽子没干好事儿！小猴子愤愤的，赶紧回家洗头。可是没有洗发水，怎么办呢？

（2）提问学生：家里的洗发水是从哪里来的？引出活动主题：自制洗发水。

2. 观察洗发水的外观。

（1）引导学生观察洗发水的外观。让学生闻一闻，并感受一下。

（2）学生交流：家中常用洗发水的外观、味道、颜色是什么样的？

（3）学生展示课前搜集的资料，小组合作整理出洗发水的关键成分，找出与洗发水有相似成分的物品有哪些，并归纳出哪些成分对人体有害、哪些对人体无害。

3. 认识成分。

（1）提出问题：为什么洗发水能洗干净头发？

（2）在学生回答的基础上，揭示：洗发水中含有表面活性剂，比如十二醇硫酸钠，有去污的作用。

（3）出示十二醇硫酸钠实物，指出外观：白色、长条状；作用：去污；分子式：$C_{12}H_{25}SO_4Na$。说明：十二醇硫酸钠只要不大量进入人体内，就对人体没有什么毒副作用。

4. 判断小题。

下列哪个物品中不会用到十二醇硫酸钠，在不会用到的物品下面打“√”。

牙膏	洗发水	洗手液	胶水
（　）	（　）	（　）	（　）

活动二　实践与探究

（一）问题

1. 制作洗发水需要哪些工具和材料？

2. 制作洗发水的步骤是什么？

（二）步骤

1. 引导学生了解制作洗发水需要哪些工具和材料。

（1）工具：量杯、有压嘴的塑料瓶、搅拌棒。

（2）材料：水、十二醇硫酸钠、色素、香精、氯化铵。

2. 引导学生制作洗发水。

（1）让学生观看视频，学习制作洗发水的步骤。

①往量杯中装入60ml的水，并加入15g左右的十二醇硫酸钠。②用搅拌棒搅拌，使十二醇硫酸钠全部溶解。③加入一点儿色素并搅拌，增添颜色。④将5g左右的香精粉末倒入杯中，并搅拌至溶解，会闻到淡淡

的香味。⑤添加氯化铵（要一点儿一点儿地加），搅拌至洗发水变得黏稠可以拉丝。

（2）教师示范，介绍并提醒注意点。

①把十二醇硫酸钠倒入水中，先用搅拌棒搅拌，引导学生仔细观看如何搅拌：一手拿着烧杯，一手拿着搅拌棒，沿着杯壁顺着一个方向搅拌，注意速度不要太快也不要太慢。

②添加香精：十二醇硫酸钠没有味道，准备两瓶香精，一瓶草莓味儿的、一瓶柠檬味儿的。提醒学生：只要添加一点点就会很香。另外，少量的十二醇硫酸钠对人体没有危害，食用香精可以食用，但是在实验中，这些东西一定不能放入嘴里。

③用小搅拌棒沾一点儿食用色素，放入到溶液里进行搅拌。

④比较：现在的洗发水与家中的洗发水有什么不同？引导学生回答：不黏稠。

⑤让学生明白：如果想让洗发水变得黏稠，可以加入氯化铵。引导学生思考：应该往杯子中加入多少氯化铵合适呢？

带领学生尝试，先加入一点点让学生观察：黏稠了吗？什么样算是黏稠呢？让液体顺着搅拌棒往下流，直至洗发水逐步黏稠。

⑥让学生再观察：如果继续加入一点儿，会出现什么现象？再继续加入氯化铵，会发现洗发水越来越稀了。

引导学生反思、小结：氯化铵加多了，反而不黏稠了。所以在添加氯化铵的时候，要注意适量，太少太多都不黏稠。在添加时要注意边添加边搅拌，直到达到最黏稠的状态。

⑦洗发水做好了，将洗发水装进有压嘴的塑料瓶内。

3. 分组制作。

（1）两人一小组做好具体分工。

（2）引导学生按照演示回顾制作步骤。

（3）小组合作自制一瓶洗发水。

4. 展示评价。

（1）小组间交流、展示自制洗发水。

（2）小组成员互相评价，并填写评价表。

表 4–8　评价表

评价项目＼等级	☆☆☆	☆☆	☆
材料完备			
操作娴熟			
作品完好			
团结协作			
注意安全			

（注：优秀选☆☆☆，良好选☆☆，一般选☆，在对应的表格内打“√”）

活动三　拓展与创新

（一）问题

1. 自制洗发水的保质期是多长时间？

2. 为自制的洗发水起个什么名字？如何设计一则能吸引眼球的广告？

（二）步骤

1. 回顾、交流。

引导学生回顾洗发水中加入成分的名称及作用。

2. 交流、了解。

（1）提问：家里购买的洗发水保质期一般是多长时间？引导学生自主交流课前了解到的洗发水保质期的情况。

（2）让学生了解：自制洗发水因为没有添加防腐剂，所以只有一个月的保质期。

3. 思考、设计。

（1）引导学生思考，为自制的洗发水起一个好听的名字。

（2）鼓励学生课后将洗发水的瓶子包装一下。

（3）为自制洗发水设计一则吸引眼球的广告语或一幅广告画。

4. 引导学生交流、小结。

▶ 活动建议

1. 本次活动建议一课时完成。首先通过创设问题情境，引出本节课课题“神奇的洗发水”。从生活经验出发适时引导学生思考，相应出示制作洗发水的材料和工具。在制作过程中要充分调动学生动手动脑的积极性，认知十二醇硫酸钠和氯化铵的同时自制一瓶洗发水。

2. 在本次活动中，教师要适时引导学生进行小组合作。评价的重点放在小组合理分工、团结协作及活动过程中。

3. 鼓励学生课后科学地遵循实验规则，用善于发现的眼光，联系生活实际，探索更多的科学实验，获得更多的科学知识。

（本案例设计：田晓玲）

案例三　我也能发明

▶ 活动背景

创意物化是综合实践活动的四大目标之一，强调了“实践”的重要性，而这一目标的实现，不仅需要“设计制作”活动的支持，需要“造物”工具的支持，还需要综合应用数学和科学等学科知识。学生在学以致用的物化过程中，不仅能够提高实践能力，还能加深对学科知识的理解，激发学习兴趣。只有重视创意物化目标，才能让综合实践活动从普通的学生活动升级到能激发学生高阶思维的跨学科学习活动。

▶ 目标与价值

1. 感受发明与人们生活息息相关，引导学生初步掌握发明的小技巧并尝试自己创造发明。

2. 通过课前调查、课上小组探究活动，发展学生创意物化的能力。

3. 通过创新实践活动，使学生感知、体验发明的乐趣，发展合作探究意识及表达交流能力。

▶ 活动准备

学生：①收集生活中有创意的物品。②准备彩色卡纸。

教师：①课件制作。②了解“和田十二法”。

▶ 活动过程

活动一　我们来交流

（一）问题

1. 中国的四大发明是什么？

2. 生活中有哪些创意物品？

3. 什么是“和田十二法”？

（二）步骤

1. 情境导入。

（1）了解中国的四大发明，出示四大发明相关图文资料。

（2）出示图片，引导学生讨论交流改进后的好处。

图 4-7　物品改进示例

（3）揭示活动主题——“我也能发明”。

2. 交流讨论。

（1）学生展示生活中有创意的物品。

（2）学生讨论：同样的物品为什么要改进？改进的好处是什么？

3. 学习方法。

（1）介绍“和田十二法”。课件出示：

①加一加：加高、加厚、加多、组合等。

②减一减：减轻、减少、省略等。

③扩一扩：放大、扩大、提高功效等。

④变一变：变形状、颜色、气味、音响、次序等。

⑤改一改：改缺点、改不便、改不足之处。

⑥缩一缩：压缩、缩小、微型化。

⑦联一联：原因和结果有何联系，把某些东西联系起来。

⑧学一学：模仿形状、结构、方法，学习先进。

⑨代一代：用别的材料代替，用别的方法代替。

⑩搬一搬：移作他用。

⑪反一反：能否颠倒一下。

⑫定一定：定个界限、标准，能提高工作效率。

如果按上述方法进行核对和思考，可以从中得到启发，诱发创造性思维，是一种打开创造思路、从而获得创造性设想的“思路提示法”。

（2）教师举例，出示图片，进行讲解。

图 4–8　发明示例

（3）教师小结：发明创造可以是将原来的物品变一变，其实我们也能发明。

活动二 我们来发明

（一）问题

身边的物品有缺陷吗？怎样改进？

（二）步骤

1. 发现问题。

（1）观察课桌椅有哪些问题或不足。

（2）小组讨论，出示要求：

① 6 人为一小组，组长负责召集讨论，记录员负责记录学生提出的问题。

②在卡纸上记录，注意卡纸需横着书写，一张卡纸记一个问题。

③字写大点儿，注意整合问题。

④语言要简明扼要，具有概括性。

（3）组织学生交流。教师相机指导整合问题。

2. 解决问题。

（1）分组解决问题。每组选择感兴趣的问题。

（2）出示表格，进行简要指导。

表 4–9 发明创造记录表

班级：	小组：
名称	关于 ____________ 的发明
目的	
创新方法	
设计图（可附简要的文字说明）	
灵感来源	

（3）“纸上谈兵”——分组进行，提出发明新课桌的设想。

3. 展示发明设想。

（1）每组推荐一名评委，出示评价表。

表 4-10　评价表

项目	分数（1-5 分，满分 5 分）
问题真实	
方法合理	
设计巧妙	
实用性强	
创意能物化	

（2）各组依次进行展示。

（3）推选出最有创意的小组并颁奖。教师进行点评。

4. 活动拓展。

（1）将自己的发明设想付诸实践，发明创造还可以申请专利。出示小贴士：

发明专利：《中华人民共和国专利法》中所称的发明创造是指发明、实用新型和外观设计。

审查标准：发明人需向国务院专利行政部门提出专利申请，并且通过一系列严格的审查，特别是新颖性、创造性和实用性的审查，才能获得此项专利。

（2）活动总结："处处是创造之地，天天是创造之时，人人是创造之人。"

▶ 活动建议

1. 本活动建议一课时完成。通过创设问题情境，引导学生发现问题、解决问题，并开展"纸上谈兵""发明创造"活动。

2. 在本活动中，教师要适时引导学生进行小组合作。评价的重点放在小组合理分工、团结协作及活动过程中。鼓励学生的天马行空，同时也要引导学生注意创意的合理性以及是否能够物化。

（本案例设计：杨金珍　张鑫）

第五章

职业体验案例选

《指导纲要》将职业体验作为综合实践活动课程的一种主要活动方式单列出来，是学校的生涯规划教育日益受到重视的必然结果。职业体验在本质上就是职业与教育的关系，也是学校教育应对社会发展促使人才培养规格和培养模式发生变化的一种体现。

职业体验将体验式学习与职业生活情境联系起来，就是让学生置身于丰富的、与各种职业活动相关的情境之中，让其全身心地参与到各种职业性的实践活动中去，使其获得相应的真切认知与情感体悟，从而加深对自我世界、生活世界、职业世界和社会发展的理解，并将这样的理解与其自身的未来相联系。

杜威曾说过：“一切早期的职业准备都是间接的，而不是直接的。”职业体验不是解决学生的职业选择，而是有效改变传统的学习方式，为了积累经验和培养能力。职业体验在内部逻辑上不仅拓展了学校组织学习活动的方式和范围，而且让理论知识与实践知识连接起来、学业生活与职业生活连接起来。

第一节 职业认知

案例一 我的职业愿景

▶ 活动背景

“三百六十行，行行出状元。”从小树立自己的职业理想，才能确立职业发展目标，并为之努力。家族成员的职业以及他们对工作的看法，影响着孩子的职业选择。本次活动意在帮助学生了解家人对自己的职业期待，发掘职业目标并规划职业愿景。

▶ 目标与价值

1. 指导学生调查采访家中亲戚，培养实践能力和口语交际能力。

2. 指导学生根据调查数据进行统计分析，培养学生收集整理数据的能力，养成在生活中发现、整理和归类的习惯，让学习的知识为生活所用。

3. 通过制作 PPT、微电影等方式，培养学生的信息技术能力。

4. 引导学生通过网络搜索、调查采访等方法，了解各种职业的特点，选择感兴趣且适合自己的职业目标，绘制“我的职业愿景卡”，树立正确的职业理想，并为之努力。

▶ 活动准备

学生：①了解什么是职业，以及不同职业的特点。②学习如何调查采访，学习微视频、PPT 等的制作方法。③思考自己的职业理想和实际行动，为绘制“我的职业愿景卡”做准备。

教师：①指导学生进行调查采访，并提醒学生记录和保存过程性资料。②收集不同职业的相关知识。

▶ 活动过程

活动一　交流与讨论

（一）问题

1. 采访前需要做好哪些准备工作？

2. 家人的职业情况如何？

（二）步骤

1. 准备采访活动。

任务单

1. 调查家中亲戚，了解他们从事职业的情况，绘制“家族职业树”。

2. 采访家庭成员，了解他们对自己职业的满意度、现状分析和职业理想，以及对我们职业的期待。采访过程中可以请父母或同学帮助拍照、摄像等。

3. 采访后进行微视频、PPT 等资料制作。

（1）引导学生预习“任务单”的内容，讨论：采访需要做哪些准备（采访卡、录音机等）？

（2）设计采访卡。

采访卡

采访者：　　　采访对象（称呼）：　　　职业：　　　单位：

采访的问题：

采访记录（要点）：

采访结果（是否达到目的，有哪些收获和体会）：

被采访者签名：　　　　　　　　　　　年　　月　　日

2. 进行采访活动。

（1）老师要根据本班学生的不同情况做出相应指导，有的只需布置，有的需要适度引导，还有的需要给予技术支持。建议关注以下几点：

①对学生采访中可能遇到的问题，教师要事先提醒，如：采访时要注意仪表仪态；使用礼貌用语；做好数据收集工作等。②指导学生根据需要选择拍摄方式，并制作成 PPT 或微电影等。PPT 的制作信息技术课上学过，学生应该已经掌握。拍摄微电影等难度较大，可以请学校的信息技术老师给予指导，通过具体的实践运用来培养学生信息技术方面的能力。③提醒学生将制作的电子课件等材料随时保存到 U 盘或上传网盘，以防丢失。组内同学可以合作完成，互相帮助、提醒。

（2）学生带上采访卡进行采访，并做好记录。

3. 交流采访内容。

（1）根据任务单内容，让我们借此次对家族职业探索的机会来了解家人的职业吧。

（2）学生采访后绘制“家族职业树”。

（3）学生按小组交流。

活动二　实践与探究

（一）问题

1. 从《职业情况调查表》中能看出家人对自己的职业期待吗？

2. 什么样的职业适合自己？

（二）步骤

1. 汇总采访数据。

（1）根据采访数据，填写《职业情况调查表》。

表 5-1　职业情况调查表

称谓	职业	工作满意度	理想职业	对以下类别的工作进行打分（满分为 100 分）		
				自由职业	企业	机关、事业单位

（2）引导学生根据各自填写的《职业情况调查表》内容，在组内分享家中亲戚的看法。分享时可以口头介绍，可以借助采访视频等。要培养学生抓住重点、态度大方、与观众保持眼神交流等口语交际能力。

（3）引导学生根据各自填写的《职业情况调查表》，统计分析出家人喜欢的和不太满意的职业，并绘制出统计图。指导学生利用已掌握的图表制作方法，如线形图、条形图、饼状图、柱状图等，清楚地进行表达。根据下面的柱状图表，可以清晰地看出爷爷、奶奶、妈妈对机关、事业单位很满意，而爸爸比较喜欢冒险，更钟情于自由职业。这样的图表清晰准确、一目了然。

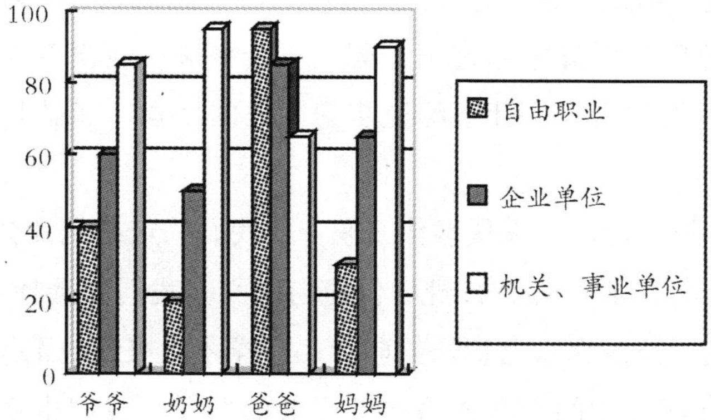

图 5–1 家庭成员职业偏好统计图

（4）根据统计图，学生分组探究，鼓励学生评价各种职业的特点、利弊。评价角度要多样；资料来源要丰富，可以是上网查找的，可以是采访调查到的，也可以是听他人介绍的……

2. 学生各抒己见。

经过前期的采访、调查、整理、统计、归类，学生已基本了解各种职业的特点、利弊，可据此规划自己的职业发展目标和职业愿景了。教师利用课堂对学生的实践活动进行有效指导，可按以下几个环节进行：

（1）问。该环节引导学生主动询问家人对自己的职业期待，虚心听取他们对这些职业的看法，以帮助自己更好地了解各种职业的性质特点。

引导学生尽量以动态形式展示活动过程，这样更利于交流的全面性和生动性，效果也更好。如果学生制作微电影遇到困难，可以请老师给予技术支持。提醒学生询问时一定要让对方详细介绍、推荐职业的优点。

（2）想。该环节强调学生自主思考，问题涉及：家族中最令人羡慕的职业是什么？这个职业有什么特点？哪些职业我不考虑，为什么？我的职业理想与家族职业有何关联？我的职业愿景是什么？什么样的职业更适合我，更有利于自己才能的发挥？

教师可组织学生自我反思，布置学生上网查资料，也可以出示图片，带领学生了解。

（3）说。组织全班同学交流，“我的职业愿景是……理由是……”。该环节教师应当引导学生理解：职业不分好坏，也没有等级之分。只要是为了祖国的振兴、社会的进步、人民的幸福，那就是伟大的职业理想！

（4）小结：无论将来从事什么职业，我们一定都是社会的需要、祖国的需要，每种职业都有自身的价值与意义。我们要选择自己喜欢的、适合自己的、能发挥自己特长的职业，这样才能快乐地工作。但是，对于那些自己不喜欢的、辛苦的或工资低的职业，我们也不能轻视，一旦选择了这样的职业，就要坦然接受，学会“做一行、爱一行”，因为“三百六十行，行行出状元”。教师要帮助学生全面认识社会，树立正确的职业观、价值观，逐步增强建设祖国的责任感。

活动三　拓展与创新

（一）问题

1. 怎样实现自己的职业理想？

2. 如何绘制“我的职业愿景卡”？

3. 本次活动有哪些收获？

（二）步骤

1. 进行职业愿景引导。

（1）职业理想和愿景没有好坏、对错、贵贱之分，只要树立这个理想的目的是“为人民服务”，是对别人有益的，那么就有意义。出示理想成真、人生有意义的各个领域名人的资料，让学生欣赏。

（2）有了远大的理想，就有了明确的奋斗目标。更重要的是要为实现理想目标而不懈努力！那么，为了实现自己的职业理想，同学们应该怎样做呢？小组内谈一谈。

（3）引导学生从理想回到现实，从力所能及的事做起，激发学习积极性，以实现人生理想。

2. 绘制“我的职业愿景卡”。

（1）引导学生根据自己的特长和爱好，结合实际行动，设计一张“我的职业愿景卡”（包括：职业愿景、理由、实际行动等），以此激励警示自己。

（2）完成后全班交流、分享。指导学生分享时要抓住重点，与观众保持眼神交流等。倾听的同学，要求做到全神贯注，并对分享的同学进行评价。

3. 反思评价。

（1）学生谈一谈此次活动的收获，尤其是活动过程中自己独特的感悟和启发等。

（2）教师总结：职业愿景是我们对未来职业的美好憧憬和希望，是还没有实现的理想，我们应当好好把握今天，努力学习，打下坚实的知识基础。在未来的日子里，希望同学们能不惧风雨，勇攀高峰，朝着美好的明天迈进！

▶ 活动建议

1. 本次活动建议分三个阶段完成。第一阶段，通过采访家庭成员，了解他们对自己职业的满意度、现状分析和职业理想，以及对我们的职业期待。第二、三阶段，学生在采访、调查、整理、统计、归类的基础上，了解各种职业的特点、利弊，规划自己的职业发展目标和职业愿景。

2. 本活动要指导学生设计好采访单，进行采访中的礼仪等培训，采访后要进行微视频、PPT 等资料制作，事先提醒学生注意搜集、保存资料，以保证后期活动顺利开展。

3. 本活动要帮助学生确立正确的人生观、价值观，启迪学生树立适合自己的理想，明白"为人民服务"，人生会更有价值。同时引导学生从理想回到现实，从力所能及的事做起，激发学习积极性，以实现人生理想。

（本案例设计：王红美）

案例二　走近老行当

▶ 活动背景

我国的传统手工艺一直以选材独特、构思奇妙、技艺精湛而为世界人民所称道。但随着时间的推移和时代的变迁，许多手工艺逐步走向机械化、规模化，有的甚至随着一些老手艺人的逝去面临悄悄退出历史舞台的尴尬境地。带领孩子们走近这些"老行当"，了解和体会其中所积淀的中国传统文化，才能更好地传承与发展其精髓。

▶ 目标与价值

1. 通过探究活动，让学生了解一些本地老行当的产生、发展以及衰微的历史过程。

2. 通过参观体验，让学生感受老行当中所蕴含的传统手艺人的工匠精神，体会劳动之不易。

3. 通过思考与分享，让学生初步体会到传承与创新的重要性，为老行当的发扬传承贡献力量。

▶ 活动准备

学生：课前分组搜集自己感兴趣的老行当的相关材料。

教师：①就近联系一家老行当店铺供学生参观，联系一位传统手工艺人教学生制作手工艺品。②制作多媒体课件。

▶ 活动过程

活动一　交流与讨论

（一）问题

你知道哪些老行当，了解这些老行当产生、发展以及衰微的历史过程吗？

（二）步骤

1. 猜一猜。

（1）出示图片、视频，让学生猜一猜是什么老行当。

①篾匠编制箩筐；②制糖人……

（2）创设情境，模拟老艺人，继续猜猜。

①学生表演：挑着担子吆喝，"磨剪子嘞——戗菜刀——"——磨剪子、磨刀。②学生表演：吆喝"炸炒米咯！"——炸炒米。③学生表演配合画面呈现：吆喝"修洋伞了"——修伞。……

2. 说一说。

（1）交流展示分组搜集到的本地老行当的资料。

（2）学生交流：老行当中，哪些老行当已经衰微甚至基本看不到了，哪些老行当依旧很繁荣？

（3）课件呈现扬州部分经典老行当：

扬州三把刀——菜刀：淮扬烹饪技艺；修脚刀：陆琴脚艺；理发刀：乾隆"御赐一品刀"。

扬州玉雕——遗产级别：国家级；代表作：西汉"白玉蝉"、2008 年北京奥运会奖牌上的金镶玉；有"天下玉，扬州工"的美誉。

扬州剪纸——遗产级别：国家级；用途：装饰、祭祀、绣品底样。

3. 想一想。

（1）你觉得为什么有的老行当会走下坡路甚至消失，而有些老行当却依旧蓬勃发展?

（2）看一段视频：扬州包子的发展历程。

（3）让学生谈谈从中受到的启发。

（4）如果你是某一老行当的传承人，将如何振兴这一老行当?

①每组选一个老行当。②组内讨论。③交流汇报。

活动二　实践与探究

（一）问题

1. 你知道扬州富春包子吗? 了解它的做法吗?

2. 传统手工艺人具有什么样的精神?

（二）步骤

1. 看一看。

带领学生到富春茶社参观富春包子的制作流程。

2. 学一学。

（1）听。听捏包子的师傅讲富春包子的制作工艺。

（2）捏。跟着师傅学捏三丁包子。

3. 评一评。

（1）小组内自评、互评。

（2）请师傅进行点评。

4. 访一访。

（1）想一想，你有什么问题想请教传统手工艺人?

（2）访一访。现场访问捏包子的师傅，如每天的工作情况、大概每分钟捏几个包子等等。体会师傅的辛苦与精神。

（3）写一写。将自己采访的过程和收获写出来。

活动三　拓展与创新

（一）问题

1. 机器可以替代传统手工艺吗?

2. 怎样传承老行当？

（二）步骤

1. 看一看。

（1）播放现代流水线制作包子的视频。

（2）组织讨论：能否用机器来代替手工？

2. 想一想。

（1）流水线制作与人工制作包子的成本如何？

（2）流水线制作与人工制作包子的利弊。

3. 辩一辩。

（1）组织一场微型辩论，主题为“生活离不开老行当”。

（2）教师总结：①对学生辩论表现进行评价。（以鼓励为主）②对辩论内容进行总结。（突出传承与创新的重要性）

4. 拓一拓。

选择一个老行当，以图画（单幅或连环画皆可）、文字（一篇小文章）或图文并茂（连环画或手抄报等）的形式完成“一个老行当的新生之路设想”主题成果展示。

▶ 活动建议

1. 本活动建议分三个阶段完成。第一阶段，通过交流课前搜集的相关材料，初步体会老行当发展的不容易。通过介绍家乡经典老行当，激发学生对传统手工艺的爱惜之情和对家乡的热爱。第二阶段，通过参观富春包子的制作工艺，学习捏三丁包子，体会面点师傅的工匠精神和劳动的不易。第三阶段，让学生通过辩论体会传承与创新的重要。

2. 参观体验活动要组织周密，尤其要注意安全问题。进行“到底是用传统手工包包子好呢，还是用包子机更好？”的辩论要引导学生多角度思考，可从老板（比如富春茶社老板）、员工、消费者三方立场分别去思考，培养学生的多角度思维。辩论的目的不在输赢，主要是让学生体验辩论的过程，让学生通过头脑把问题想全，用嘴巴把事情说透，帮助学生更加全面地认识问题。

（本案例设计：李文富）

案例三　走进立法、司法机关

▶ 活动背景

知法才能守法。为了增强学生的法治观念，进一步了解更多的法律知识，有效地杜绝未成年人违法犯罪行为，有必要组织学生走进立法、司法机关，使学生对立法、司法机关有更多的了解和认识，感受法律的威严，激发学习法律知识的兴趣，培养良好的法治意识和法治思维，严格规范自己的行为，并学会运用法律武器维护自己的合法权益，争做知法、学法、懂法、守法的好公民。

▶ 目标与价值

1. 通过指导学生开展“走进立法、司法机关”活动，使他们了解我们国家的立法、司法机关。

2. 通过参观法院，引导学生了解基层法院的工作流程，感受法律威严，培养尊崇法治、敬畏法律的意识，形成规则与法治观念。

3. 通过与法官零距离互动交流，并在其指导下扮演审判长、陪审员、书记员、公诉人、辩护人、法警等角色，进行模拟庭审岗位演练，获得对法务工作者这一职业的真切理解。

4. 让学生在实践中体验法务工作者的崇高、神圣，学习他们工作认真严肃的作风，形成正确的职业取向。

▶ 活动准备

学生：①查阅资料，了解我们国家的立法、司法机关及其基本职权。②走访身边在法院、检察院工作的人员，了解相关的岗位职责和工作流程。

教师：①与学校附近的法院联系，得到旁听及模拟法庭活动的支持与帮助。②邀请少年法庭的法官进校园，对模拟庭审的相关程序进行培训。③提前一周向学校提交去法院参观体验的申请。

▶ 活动过程

活动一 立法、司法机关我了解

（一）问题

1. 中国的立法、司法机关有哪些？各有什么职权？

2. 宪法有哪些重要内容？

（二）步骤

1. 创设情境，引出主题。

（1）出示各级人民代表大会及其常务委员会、法院、检察院等立法、司法机关的图片，引导学生观看后进行讨论，说出图片中机构的名称。

（2）组织学生交流活动前自己通过查阅资料、走访等了解的关于立法、司法机关的知识。

（3）出示法徽、检徽、警徽等图片，让学生观看后就行讨论交流，说说标志所代表的机构，以及标志的特殊含义。

法徽既是人民法院的标志，也是法官的身份标志，体现着法官应代表国家依法行使审判权，保障在全社会实现公平和正义的深刻喻义。法徽的基本图案由麦穗、齿轮、华表、天平构成，其中天平寓意公平和公正。

检徽全称为“检察官徽章”，基本图案由盾牌、五颗五角星、长城和橄榄枝图形构成。盾牌和五角星象征着司法机关在国家法制建设中担负着法律保障等重要职责；长城象征着中国，充分体现了司法机关的国家属性，也象征着国家对司法工作顺利开展的坚强保障力；橄榄枝代表着和谐，象征司法在维护社会稳定、促进社会和谐发展中的重要作用。

警徽是人民警察的标志，由国徽、盾牌、长城、松枝组成。国徽是国家的标志和象征，表明人民警察是国家法律的捍卫者；盾牌是人民警察的象征，表明人民警察保卫人民的神圣职责；长城象征人民警察是维护社会秩序和国家安全的钢铁长城；松枝象征人民警察的品质和战斗意志。

（4）教师小结，引出活动主题——“走进立法、司法机关”。

2. 邀请法官进课堂为学生讲解宪法知识。

活动二　立法、司法机关我体验

（一）问题

1. 立案的流程是什么？

2. 什么是庭审？

（二）步骤

1. 参观法院。

（1）聆听法院讲解员关于登记立案流程、审判职能等法律知识的介绍。

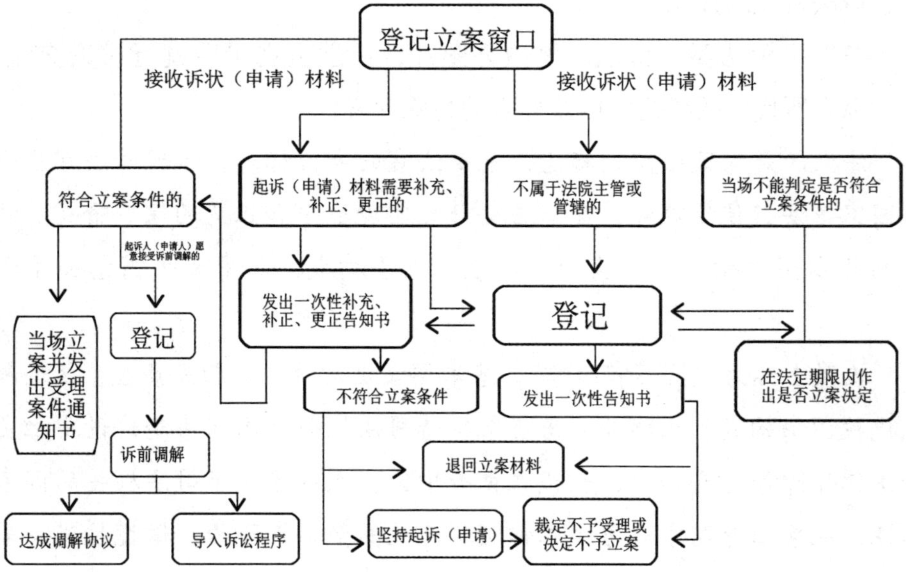

图 5-2　登记立案流程图

（2）观摩庭审。

①观察法庭的格局布置。

②观察法庭的组成人员。

③注意法庭审判的流程。

开庭→法庭调查→法庭辩论→被告人最后陈述→评议和审判

④观察法官的法袍和法槌。

法袍是审判人员为维护国家法律尊严，代表国家行使审判权时穿着的标志性统一制服。只能用于法官庭审时穿着。要随时保持法袍的整洁和庄严。

法槌是法官为维护法庭秩序、保障审判活动正常进行而使用的工具，是审判权力的象征。严禁损坏和丢失法槌。

2. 模拟体验。

（1）邀请少年法庭法官对模拟审判长、陪审员、书记员、公诉人、辩护人、法警等角色的学生进行分组培训指导。

（2）学生选择自己最想体验的角色进行演练。

（3）在分组练习的基础上，法官组织学生开展模拟庭审。

（4）请法官对学生在模拟法庭中的表现进行点评。

表 5–2 评价表

等级 评价项目	☆☆☆	☆☆	☆
积极参与			
合作共进			
克服困难			
反思改进			

（注：优秀选☆☆☆，良好选☆☆，一般选☆，在对应的表格内打“√”）

活动三　拓展与延伸

（一）问题

1.关于人民代表大会及其常务委员会的知识，你还想了解哪方面的内容？

2.《中华人民共和国未成年人保护法》有哪些具体规定？

（二）步骤

1.组织参观。

（1）参观当地的人民代表大会及其常务委员会。

（2）参观当地的人民代表大会史料展示室。

2.专题讲座。

（1）请检察长进校园，开讲《中华人民共和国未成年人保护法》。

（2）交流活动收获。

3.参观当地的检察院。

（1）课余在家长的陪同下，利用检察院“开放日”的契机，去检察院的大厅“探个班”。

（2）将活动体会在班级群里分享。

4.与同学交流分享活动中的收获与不足。

▶ 活动建议

1.本主题安排了“立法、司法机关我了解”“立法、司法机关我体验”两项主要活动。引导学生通过搜集资料等活动，初步了解立法、司法机关包含哪些；组织学生走进基层法院参观，了解立案等工作的流程。引导学生在法官的指导下，进行模拟庭审角色体验，加深对法律的理解和认识，进一步培养尊崇法治、敬畏法律的意识，形成规则与法治观念。在课时的安排上，校内活动需要一课时，校外活动建议利用半天的时间。外出前，教师要向学校报备，校方同意后方可开展活动。

2.在本主题活动的实施过程中，教师可充分利用人脉资源，邀请法官进校园，或者借力学校每学期开展的“法治副校长进校园”活动，从而避免校外活动可能遭遇的安全事故。如果要实地走进法院，应事先向学校申请，以争取学校力量，从而保障活动顺利安全地开展。

（本案例设计：杨金珍）

第二节　模拟听证

案例一　“冬季集中供暖”听证会

▶ 活动背景

江淮地区建筑趋于南方风格，保暖密封性不及北方，因缺乏集中供暖，每逢湿冷的冬季便很“难过”，采用独立取暖方式浪费资源，不利于节能减排。引导学生通过实践活动关注这样的社会问题，可以增强公民意识，培养学生对社会的责任感、使命感。

▶ 目标与价值

1. 通过活动向市政府提供合理化建议，希望江淮地区也能实现有偿的集中供暖。

2. 通过活动提高学生参与社会、实践探究等多方面的能力。

3. 培养学生的公民意识，增强其公民责任感，使其成为有担当的好公民。

▶ 活动准备

学生：发现身边的公共政策问题，查阅相关资料。

教师：①介绍公民教育实践活动的相关知识，引导学生发现公共政策问题并筛选问题。②指导学生为召开听证会做好准备工作。

▶ 活动过程

活动一　问题与海选

（一）问题

1. 如何确定公民教育实践活动的研究主题？

2. 为什么要开展此主题活动？

（二）步骤

1. 活动准备阶段。

（1）教师向学生介绍公民教育实践活动，说明何谓公共问题，了解其他学校研究过的例子。

（2）布置任务：关注和发现身边的公共政策问题。

2. 海选与问题的产生。

（1）海选。同学们提出了十多个公共政策问题，如：小学生学习负担过重、流动人口子女教育成问题、公共图书馆太少、旅游景点车位不够等。

（2）通过投票，确定将“冬季集中供暖问题”作为研究主题。

3. 调查与分析供暖问题存在的普遍性以及急需解决的迫切性。

（1）教师指导学生讨论并制订调查计划，对注意事项做出提醒。

（2）学生走上街头，采访市民对“冬季集中供暖”问题的看法。市民都不约而同地表示太有必要了，从居家生活到集体办公都面临取暖困境，可见供暖问题在本地区具有普遍性。

（3）学生走进社区，调查各个家庭为冬季取暖采取的措施。有的用空调，有的用电暖器，有的直接安装了地暖。但这些独立采暖方式加重了人们的经济负担，舒适性也不高，江淮地区冬季集中供暖呼声日益高涨。

4. 确认职能部门，了解本地区集中供暖情况。

（1）教师指导学生讨论并制作采访表，设计采访问题，列出注意事项。

（2）走访市自然资源和规划局、住建局、发改委等相关部门，确认供暖问题具体由哪些部门负责，并了解江淮地区不集中供暖原因。

（3）走访结果：①淮河以北是国家划分的供暖地区，而江淮地区目前还没有相关政策依据。②本地区冬季相对较短，集中供暖成本高、收益低。目前还没有集中供暖的城市规划。

活动二　政策与分析

（一）问题

1. 江淮地区冬季气候及人民生活现状怎样？

2. 各地都有哪些供暖政策和做法？

（二）步骤

1. 学生通过查阅、整理相关资料以及访问调查，对现状进行分析。

（1）随着全球气候变化，我国也频频出现反常或极端天气。2018年冬，强冷空气南下，导致南方地区大面积发生雪灾冰冻，就连常年温暖如春的粤、桂、滇北等地区也出现了雪花飞舞的气象。因缺乏公共供暖设施，南方人的冬天其实比北方还“难过”，加上阴冷潮湿，人们很容易患上关节炎、风湿等“地方病”。

（2）南方城市一般采用空调、电暖器、天然气设备来取暖。这种分户取暖方式不仅加重了百姓的经济负担、浪费资源、不利于节能减排，还存在安全隐患。近几年，因取暖导致的煤气中毒、瓦斯爆炸、火灾等事故时有发生，“南方地区冬季供暖”问题引起了社会的广泛关注。

（3）在2010年、2012年两会期间，先后有多名全国人大代表、全国政协委员提出“南方地区冬天实行集中供暖”的建议。且公开资料显示，目前，合肥、南京、杭州、武汉等城市都已实现部分小区的集中供暖，这就为扬州冬季集中供暖提供了技术支持。

2. 学生搜集有关规定。

（1）以扬州为例，学生采访了市发改委能源处领导，采访结果：根据市政府要求已制定《扬州市区“十三五”热电联产规划》，未来，扬州市区将划分为4个供热片区，实行分片集中供热。

（2）2010年8月颁布的《江苏省节约能源条例（修订草案）》提出，县级以上政府应当进行热力规划，推广热电联产、集中供热；新建开发区和有条件的城镇、住宅区，应集中供热。

（3）中华人民共和国住房和城乡建设部发布的《夏热冬冷地区居住建筑节能设计标准》中规定了冬季采暖室内环境设计计算指标：卧室、起居室室内设计温度应取18℃。

（4）北方冬季有规定的供暖时间，比如北京，供暖时间通常是自当年11月15日至次年3月15日，如果在法定供暖日11月15日之前连续5天平均气温低于5℃，则有可能提前供暖。相关部门可以根据国家的政策法规，或参照北方供暖标准制订一套适合江淮地区的供暖方案，落实这项公共政策问题，更好地满足居民的生活需求。

3. 通过报刊翻阅和网络搜索，学生了解到其他城市的做法：

（1）至2008年，我国北方全部或部分具备集中供暖的有17个省、市、自治区，集中供暖总面积达28.6亿平方米。

（2）早在2005年，武汉就启动了"冬暖夏凉"工程，并将其纳入"十二五"规划，目标是到"十二五"末（2015年），全市集中供热覆盖区域达500平方千米，服务人口160万人。

（3）江苏省内，仅有徐州市实现了大规模冬季集中供暖。在政府财政补贴的扶持下，目前徐州市集中供暖已覆盖近300个小区，且数字每年都在增加，暖气价格也一直稳定。

4. 学生了解世界各地的优秀实例。

调查世界各国的冬季取暖情况后，学生发现环保节能是各个国家冬季取暖的发展趋势。

（1）在韩国，集中供暖方式分为两种：一是用燃气和柴油加热锅炉产生水蒸气供热，该模式使该国的能耗上升，但因不使用煤炭，暂无大气污染之虞。二是利用发电厂的废热向周边住宅区供暖，这种方式成本极低，既利用了多余资源，又保护了自然环境。

（2）芬兰集中供热的形式以热电联产为主。

（3）德国政府在不遗余力地推广使用天然气、太阳能等清洁能源和可再生能源进行集中供暖。

活动三 思考与建议

（一）问题

可以向各部门提出哪些可行性建议？

（二）步骤

1. 向自然资源和规划局建议：①建议深入探测、发掘丰富的地热资源，未雨绸缪，为下一步科学合理地开发以及大规模利用做好充分的计划准备。②学习国内外利用地热的先进方法和经验，根据具体情况和客观条件，实事求是地做好利用地热的前期规划和顶层设计方案。

2. 向住建局建议：首先在有条件的新建小区和一些人口密度较大的公共场所内开发使用地源热泵系统，为将来可能的大规模地热利用做好前期试验准备，积累经验。

3. 向发改委建议：①对冬季集中供暖问题要进行统一部署。②建议充分利用浪费的热源进行集中供暖，既节约能源也可降低居民生活成本，是在节能减排的基础上改善民生的大好事。

4. 向市政府建议：建议市政府高度重视，统一指导思想，充分调研，认证可行的实施方式，进行自主创新，因地制宜，采取统一的规划和布局，开发有别于北方的供暖模式，在战略上做到操作方式创新、能源供给创新、基础设施建设创新、运行管理创新。

5. 向生态环境局建议：①以集中供暖代替目前的单独供暖。②将电厂废热等作为热源。③以 ZGM（一种复合化学物质）为介质，代替传统的以水为介质的锅炉供暖。

6. 向全体市民建议：从我做起，从小事做起，加强生态意识、环保意识、节能意识，大力宣传生态保护和生态的多样性，为保护我市的生态环境做贡献。当家中无人时，关闭暖气，或将温度调低，减少能耗。人在家中时，适当调节暖气温度，以不冷为宜，不宜将温度调得过高，尽量节能、减排。

活动四　行动与收获

（一）问题

1. 怎样推广、践行我们的建议。

2. 怎样召开听证会？

（二）步骤

1. 召开准备会。

（1）学生讨论：用哪些实际行动来推广、践行我们的建议？

（2）学生为活动出谋划策：①向全校师生以及广大市民发出倡议，保护环境，节能减排；②举行百人签名活动；③给市长写一封信，把想法告诉他……

2. 发起倡议，保证活动深入人心。

（1）撰写倡议书，在国旗下讲话时向全校师生发出倡议。

（2）向广大市民提出同样的倡议。

倡议书内容：从小培养环保意识，节能减排，积极投入到保护环境的活动当中。锻炼身体，增强体质，感受四季自然变化，不依赖空调。家中无人时，关闭空调，减少能耗。人在家中时，适当调节空调温度，以身体舒适为宜，不将温度调得过高或过低。

3. 开展签名活动，争取广大市民的支持。

利用周末时间行动，准备一张足够大的横幅，开展百人签名活动。

4. 给市长写信，寻求政府的大力支持。

选一名同学，代表全体同学给市长写信，汇报本班对集中供暖问题的研究情况，并恳请市长百忙之中抽出时间对本班所研究的问题加以重视，为老百姓多办实事。

5. 召开听证会。

（1）有计划、有布置、有安排地召开听证会。

（2）邀请市自然资源和规划局、房管局、住建局、生态环境局等分管领导做听证人。

（3）听证会按照以下四个板块分设展牌，学生进行讲解。

①问题与海选；②政策与分析；③我们的建议；④我们的行动。

（4）听证人进行提问。

6. 活动反思与总结。

▶ 活动建议

1. 本活动建议分三阶段完成。第一阶段调查访问扬州市民，了解此项活动的必要性和迫切性，走访相关职能部门，了解情况。第二阶段了解现状，查找相关规划或条例，为实践行动提供可靠依据，提出合理性建议。第三阶段召开模拟听证会。

2. 活动中，采访要做到有计划、有布置、有安排、有分析、有反馈。每一个环节都要做好记录，提醒学生保存好原始材料。活动要积极争取学校、家长、社会以及各级职能部门的大力支持。活动中应鼓励学生主动查找学习相关的法律知识，为听证会寻找法律支持。

3. 本活动中最大的亮点是引导学生通过实践活动关注社会问题，提高了学生参与社会活动、开展实践探究等多方面的能力，增强了学生公民意识，培养了学生对社会的责任感、使命感。

（本案例设计者：陈文敏　高阳）

案例二　社区文明养犬

▶ 活动背景

现如今，越来越多的市民养起了宠物犬，可是一些违规饲养和放任家犬随处便溺、乱跑伤人等不文明的养犬现象也频频发生，不仅影响了市容市貌和居民生活，甚至危害到人身安全。为了树立文明的城市形象，创建美好的人居环境，需要倡导广大居民文明养犬。我们学生也应当以主人翁的姿态为城市的文明建设出一份儿力。

▶ 目标与价值

1. 引导学生了解公民教育实践活动，学会发现身边的公共政策问题，确定班级研究主题。

2. 通过查找资料，了解国外相关的法律法规，积极向相关部门和养犬居民提出建议。

3. 让学生在学习和生活中，能带领周边人一同关注市容市貌和城市治理。

4. 通过公民教育实践活动，让学生更好地了解社会、参与社会管理、提高公民意识。

▶ 活动准备

学生：发现身边的公共政策问题，并查阅相关资料。

教师：①深入了解公民教育实践活动的相关知识。②了解其他学校已研究过的公共问题。③深入学习国内外有关养犬的法律法规。

▶ 活动过程

活动一　问题的筛选与确定

（一）问题

1. 怎样确定研究主题？

2. 该问题的现状如何？给居民和城市带来哪些影响？

（二）步骤

1. 了解公民实践活动相关知识，引导学生发现身边的公共政策主题。

（1）教师具体介绍公民教育实践活动的相关知识，举例说明何谓公共政策问题。

（2）教师带领学生了解其他班级研究过的案例。

2. 引导学生发现问题、提出问题，通过讨论确定班级研究问题。

（1）学生通过观察、走访，提出认为值得研究的多个公共政策问题。

（2）全班展开讨论，确定班级研究主题为“社区文明养犬”。

3. 教师引导学生通过观察、走访、调查等方式，了解城市“狗患”现状。

（1）走访城市的多个代表性小区，关注不文明养犬现象，用图片或文字记录下来。

（2）向社区居民随机发放有关“文明养犬”的调查问卷，统计结果，分析并得出结论。

活动二　法规的学习与分析

（一）问题

1. 本市现有的养犬规定有哪些？已有政策出台，为何还出现这么多不文明养犬现象？

2. 其他城市或国家的养犬法规有哪些值得借鉴之处？

（二）步骤

1. 了解相关法律法规。

《扬州市市区养犬管理暂行办法》已于2010年12月正式施行，对市区养犬的要求和标准做出了明确规定。

2. 学习分析政策。

（1）引导学生分析讨论：已有法规政策出台，为何还出现众多不文明养犬现象？

学生有的说，可能是现在养犬的人越来越多，问题矛盾也更多；有的说，是因为养犬者的公共道德有待提高；有的说，是因为现在很多“狗患”问题虽有规定但没人去管……

教师总结：大家说得都有道理，除了走访居民和自己分析，我们还可以请教专业人士。

（2）走访律师，了解症结所在。

律师表示，人狗矛盾的背后，本质是人与人的矛盾，养犬不是错，但主人的道德水平跟不上，这样的问题还会继续出现。而且再好的法规和监管措施，也要确保其可执行性和落地效率，毕竟仅靠政府的执法力量很难做到对不文明养犬的行为进行全程监控和及时打击。因此，除了将法律作为强有力的后盾，还需借助社区的力量实现对养犬行为的精细化末端管理，将刚性执法与良好的社会管理结合，形成养犬管理共治模式。

3. 借鉴其他城市和国家的做法。

（1）学生通过查找资料，了解了其他城市出台的犬类管理规定或养犬文明规范。

①济南规定外出遛狗时狗绳最长 1.5 米。②西安规定对不听劝阻的不文明养犬者，将吊销其养犬登记证，5 年内不得养犬。③杭州规定市区内遛狗时间为每天晚上 7 点至次日早上 7 点。④深圳成立了社区养犬自治管理委员会、社区文明养犬劝导服务队，并依据《深圳市养犬管理条例》商定社区文明养犬公约；建立社区养犬管理台账，对犬只办犬证、打疫苗等情况建档立卡；试点社会组织和社工群体介入社区涉犬投诉事件调解等；社工组织、义工群体和街道城管科、执法队建立养犬管理沟通协作平台，方便协调对接等。

（2）了解国外关于养犬的法律法规。

①美国有专门的养犬管理办，按法律规定，3 个月以上的狗均需登记。养犬前要先申请、登记，再交费注册，养犬管理办定时向委员会报告预、决算，以及经费使用情况。②意大利的动物法规定，养犬者除了要负责狗的日常生活，还必须定期带其体检、打疫苗。在全国推广养犬新政，给宠物犬皮下植入一个电子芯片，作为身份标识。

活动三　我们的建议与行动

（一）问题

1. 应该向哪些职能部门提出我们的建议？建议内容有哪些？

2. 还可以采取哪些行动？

（二）步骤

1. 确认相关职能部门。通过走访，确认该问题具体由哪些部门负责。

2. 我们的建议。

（1）我们向市人民政府办公室建议：①明确主管部门，设立专门的养犬管理办公室，让相关部门明确各自在宠物犬管理中的职责与权限，避免出现多部门涉及却又没人管的现象。②实行养犬登记管理制度。划分区域，限制养犬数量及种类，必须到养犬管理办公室登记并交纳卫生补偿费，才准予发牌。对无牌宠物，管理部门有权对其进行处置。③发动各方力量筹集资金，建立正规的流浪狗收容站，由宠物犬协会及宠物犬诊疗机构牵头，招募义工，负责流浪狗的日常管理工作。

（2）我们向卫生防疫部门建议：①对宠物犬进行强制免疫。②在社区内建立严格的免疫档案制度，消除各种疫病隐患。

（3）我们向小区物业管理部门建议：①发放“文明养犬倡议书”，并与养犬者签订“文明养犬公约”。②劝导养犬的市民带爱犬走货梯，不走人梯，避免惊扰其他住户。③在小区内开辟狗类专用娱乐场所，并设立固定“排泄区”。④劝导养犬居民在规定时间和区域内遛狗，携狗外出拴上狗链，并及时清理粪便。⑤设立“社区文明养犬保证金”制度，对不不文明的养犬行为予以处罚，对遵守公约、文明养犬的居民予以奖励。

（4）我们向养犬的居民建议：①为爱犬办理犬证，给它一个合法的身份。②定期为爱犬注射相关疫苗，并做常规身体检查。③携犬出门必须携带犬证、束犬链，防止走失、打斗、车祸等悲剧的发生，同时也尊重了其他怕犬的居民，尽量避免扰民或伤人等事件的发生。④不要让您的爱犬践踏绿地，不在公共区域内为爱犬梳理毛发。⑤请勿让爱犬在公共场所随地大小便，如有排泄物请及时清理，并妥善处置。⑥善待爱犬，不虐待、不遗弃，如实在无法继续饲养，请用心为爱犬找一户有责任心的人家托付或送到公安机关的犬只留检所。

（5）我们向电视台和犬类相关网站建议：①请电视台增设“犬类讲堂”栏目，请有丰富养犬经验的人士和专家讲讲日常养犬需注意的问题及相关的法律法规，并适时插播关于文明养犬的公益广告。②推广养犬应用程序，养犬市民可以通过注册参与，有问题时可以求助居民或兽医。

3. 我们的行动。

行动一：每位同学以自己的家庭为中心，向亲朋好友、邻居宣传文明养犬，建立文明养犬朋友圈。自家有狗的同学可以身体力行，在养犬群体中以身示范，并不失时机地劝说其他养犬的朋友文明养犬，交流驯养犬类的经验，散发倡议书。

行动二：利用集体活动时间向全校师生发出倡议：从今天做起，从我做起，积极参与“文明养犬”活动，为建设文明、安静、清洁、和谐的人居环境而共同努力。

行动三：走进社区开展文明养犬宣传活动，发放报纸、铲子、垃圾袋，讲解倡议书内容。

行动四：给政府机关、新闻媒体、疾控中心、市区各小区物业等写信，提出建议。

行动五：走进犬只留检所进行参观、了解。

活动四　举行模拟听证会

（一）问题

听证会的主要内容有哪些？

（二）步骤

1. 举行主题为“居民不文明养犬问题”的听证会。

（1）同学们从以下几个方面详细汇报：①问题的产生；②政策的分

析；③可行的建议；④实施的行动。

（2）听证人提问。

2. 活动反思与总结。

总结活动中有哪些收获，并反思活动中的不足之处。

▶ 活动建议

1. 本活动建议分三阶段完成。第一阶段关注城市里不文明养犬的现象，用图片或文字记录下来，调查访问社区居民，了解该问题的现状和人们的态度。第二阶段查找相关规划或条例，为实践行动提供可靠依据。第三阶段召开模拟听证会。

2. 活动中，采访要做到有计划、有布置、有安排，提前预约相关人员，采访要做好记录，提醒学生保存好原始数据等材料。活动要积极争取学校、家长、社会以及各级职能部门的大力支持。活动中应鼓励学生主动查找学习了解国内外有关养犬的法律法规，为实践行动提供可靠依据。

3. 本活动最大的亮点是引导学生通过实践活动关注社会问题，让学生在学习和生活中，带领周边人一同关爱市容市貌、关注城市治理，树立城市的文明形象，创建美好的人居环境，培养学生的主人翁意识，为城市的文明建设出一份儿力。

（本案例设计：吕萍　蔡蓓蓓）

案例三　“儿童看病难”听证会

▶ 活动背景

目前，儿科医生紧缺的难题仍然存在，儿童生病排队挂号时间长、检查难等现象频出，“儿童看病难”的公民实践活动应运而生。从提出问题、确定研究课题，到提出建议、实施行动，都是全员全程参与，最后召开听证会，旨在培养新时代青少年的公民意识，关注关心社会热点、关心国家大事，做一位合格的公民。

▶ 目标与价值

1. 引导学生了解公民教育实践活动，鼓励学生深入生活，关注社会热点，学会发现问题，并通过海选确定班级研究主题。

2. 指导学生进行问卷调查、观察走访、宣传推广、资料整理，学会召开听证会。

3. 培养学生的公民意识，引导他们关注社会民生，推动社会进步。

▶ 活动准备

学生：①学习问卷调查、采访等活动方法。②分组领取活动任务，准备录音笔、相机、手机等活动工具。

教师：制作关于公民教育实践活动的课件。

▶ 活动过程

活动一　问题与现状

（一）问题

1. 公民的概念是什么？公民有哪些权利和义务？

2. 生活中有哪些亟待解决的公共政策问题？

（二）步骤

1. 了解公民教育实践活动，发现问题。

（1）引导学生了解公民教育实践活动，知道什么是公民，公民有哪些权利和义务，什么是公共政策问题。

（2）指导学生深入生活，通过观察、走访，发现身边值得研究的问题。

（3）海选时，学生共提出了九个公共政策问题，如“小区菜园子现象”“侵占盲道”“社区文明养犬”等。通过投票，最终确定将“儿童看病难”作为班级研究主题。

（4）儿童看病难是指儿童看病出现挂号难、检查难、诊治难（疑难病症，包括心理疾病）等问题。学生讨论如何改善这些问题，比如兴建有一定规模的儿童专科医院或其他方法。

2. 调查走访，研究现状。

（1）学生分组去各大医院进行调查走访，总结出儿童看病难的几种现象：一个孩子生病，一家老小陪同；儿童成人不分开，挂号拿药排长龙；有的医院门庭若市，有的医院门可罗雀；排队 1 小时，问诊 5 分钟……

（2）采访专家，了解症结所在。

①指导学生观看访谈节目，确立访谈对象，推选采访人员，讨论总结出访谈的问题。注意问题设置要简洁明了有梯度，并提醒学生找寻与主题相关的深层次内容，学会追问。

②指导学生设计采访表，明确分工，总结注意事项，确保活动的安全和成功。

表 5–3　采访表

采访对象		日期		地点	
采访人员及分工					
采访准备					
采访内容					
注意事项					

③学生分组采访各大医院的儿科主任医师，进一步了解现象背后的原因。

3. 问卷调查，分析现状。

（1）为进一步了解现状，指导学生利用思维导图，有序画出各级调查问题，每题预设答案选项 3—4 个，根据老师提供的范例设计出本主题的调查问卷。

（2）学生分组向医院门诊的儿童患者家属、小区居民发放问卷，并对问卷数据进行统计分析，反馈调查结果。

（3）收集活动中的照片、视频、问卷、访谈等资料，交流总结，写下体验日记。

活动二　政策与分析

（一）问题

1. 如何查找、搜集国内外相关政策？

2. 如何理解政策内容？

（二）步骤

1. 网络查询、文献查找：指导学生通过网络搜索引擎查找国内外相关政策内容，选择信息来源可靠的网站，并注意发布的时间，然后把相关信息上传至 QQ 群，供大家在线查阅。

2. 采访专家、了解政策：到相关部门查找提及本省、本市近五年相关政策法规的文献。再请工作人员讲解政策内容，有助于学生了解政策的问题所在，从而提出针对性的可行建议。

活动三　建议与行动

（一）问题

1. 涉及哪些部门？

2. 如何形成建议和行动？

（二）步骤

1. 确认部门，形成建议。

（1）通过走访确认相关部门：市政府、发改委、卫健委、市委宣传部和二三级综合医院。

（2）学生分组汇总建议，在全班交流讨论，并按照部门进行归类整理。

2. 制订方案，实施行动。

为了得到社会各界的支持，召开“儿童看病难，我们在行动”启动仪式，确立行动方案。

（1）创作宣传画。内容涉及“科学育儿”“理性就医”“儿科挂号”“儿童用药”“理想中的儿童医院”等，活动时进行展示。

（2）千人签名活动。准备长条幅和签字笔，分组到本地各大医院及商业区进行宣传。

（3）向发改委介绍本活动的来源、过程、方案，建议进一步修改和完善相关规划的内容和改革措施。

（4）致信市政府。建设儿童医院是利国利民的大好事，但投资大、标准高、人员紧，短期难以解决，所以更需要政府的政策和资金支持。学生起草《给市长的一封信》，希望政府能优先考虑儿童的健康诉求，争取尽快建成儿童医院，解决“儿童看病难”的问题。

活动四　召开听证会

（一）问题

如何召开听证会？

（二）步骤

1. 布置展板，准备汇报。

（1）分组撰写发言稿，并选出听证会发言人。

（2）邀请市政府、发改委、卫健委等的相关领导做听证人。

（3）听证会按四个板块分设展牌，包含各板块标题以及过程性资料：①我们的问题；②政策的分析；③我们的建议；④我们在行动。

2. 上台汇报，现场答辩。

（1）请 20 名学生代表上台，分板块对活动进行介绍。

（2）学生现场回答听证人的问题，比如活动中的经历、资料中的疑点等等。

3. 活动反思与总结。

▶ 活动建议

1. 本活动建议分三阶段完成。第一阶段鼓励学生深入生活，关注社会热点，学会发现问题并通过海选确定班级研究主题。第二阶段发现身边的公共政策问题，采访专家，查找相关规划或条例，为实践行动提供可靠依据。第三阶段召开模拟听证会。

2. 公民实践活动涉及的知识面广，对能力的要求高，建议整合各学科老师的不同优势来指导学生活动，提高学生的综合能力。活动中，采访要做到有计划、有布置、有安排，提前预约相关人员，采访要做好记录，提醒学生保存好原始数据等材料。指导学生进行问卷调查、观察走访、宣传推广、资料整理等活动，要积极争取学校、家长、社会以及各级职能部门的大力支持。

3. 本活动中最大的亮点是通过活动让学生在学习和生活中关注社会问题，旨在培养新时代青少年的公民意识，关注关心社会热点、关心国家大事，做一位合格的公民。

（本案例设计：郭舟）

第三节　实岗体验

案例一　我是小小消防员

▶ 活动背景

“隐患重于明险，防范胜于救灾。”消防工作对保护人们的人身、财产安全，维护公共安全有着重要意义。通过实岗体验，可以让学生了解预防火灾、应急抢险等相关知识，提高消防安全意识；了解消防员的职业特点，学习他们临危不惧、为公共利益挺身而出的无私奉献精神。

▶ 目标与价值

1. 通过消防员的实地教学指导以及与消防员的零距离互动交流，开展分组穿衣、盘水带、连接水带、灭火等岗位演练，使学生获得对消防员职业的真切理解。

2. 通过实践，体验消防员职业的危险和崇高，学习消防员英勇顽强、不怕牺牲的精神，形成正确的劳动观、价值观、人生观。

3. 通过对消防员的角色体验，让学生进一步了解消防知识，能重视消防、宣传消防。

▶ 活动准备

学生：①寻找身边的消防设施，可以用图片或文字记录下来。②搜集资料，了解消防员工作及消防知识。

教师：①深入了解消防知识，搜集相关视频资料。②与周边消防单位联系沟通参观事宜，或请消防队员来校指导学生开展消防体验。

▶ 活动过程

活动一　了解消防员，学习消防知识

（一）问题

1. 消防员的工作内容是什么？

2. 你经历过火灾吗，导致火灾的原因有哪些？公共场所采取了哪些消防措施？

3. 怎样防范火灾？发生火灾要如何应对？

（二）步骤

1. 情境导入。

（1）引导学生思考。每学期学校都会组织消防应急疏散演练，你觉

得有必要吗？

（2）播放消防安全教育专题片。请学生交流观看后的感受，引导学生关注火灾造成的人身、财产损失和消防员直面危险的职业特点。

（3）消防员一直坚守在灭火救灾的第一线，工作极度危险。请同学们根据课前搜集的资料，交流讨论消防员的日常工作包括哪些，需要具备哪些素质。教师根据学生的交流结果引出活动主题。

2. 话题讨论。

（1）你是否目睹过现实生活中的火灾场景？起火原因是什么？（电器火灾、燃放烟花、交通事故、汽车自燃……）

（2）你觉得从这些灾难中人们能吸取哪些经验教训？

（3）你附近的公共场所采取了哪些消防措施，有哪些消防标识？请与大家分享自己了解到的相关知识。（包括消防装备、警示标语等等）

3. 普及消防知识。如消防报警电话为 119，每年的 11 月 9 日为我国消防日。

4. 掌握消防救险的生活技能。

（1）讨论交流生活中如何防范火灾？万一发生火灾，应该采取哪些措施？

（2）国家规定，安全起见小学生不可以参加救火，但是小学生有义务通知大人发生了火灾。

（3）情境演练：拨打 119 火警电话要注意什么？

①讲清起火单位、村镇名称和所处区县街道门牌号码。

②讲清着火物品、火势大小、有无爆炸物、有无危险化学品、是否有人员被困等。

③讲清报警人的姓名、单位及使用的电话号码。

④清楚、简洁地回答消防员的询问。

5. 进行校园安全隐患大调查，找一找校园里的消防器材，说说它们的作用。

6. 学生学习使用学校现有的消防器材。

7. 认识消防员的秘密武器。结合实物或图片，组织学生进行分类交流。

服装：避火服、防化服、隔热服、战斗服。

面具：消防面具、防毒面具、防毒口罩、消防呼吸器。

消防配套：消防头盔、护目镜、正压式呼吸器、消防手套、消防靴。

其他：急救箱、消防应急包、安全绳。

活动二　走进消防中队，宣传消防

（一）问题

1. 走进消防中队，你最感兴趣的是什么？

2. 需要为消防安全做哪些宣传工作？

（二）步骤

1. 参观体验，亲自实践。

（1）走进消防中队，请消防员讲解消防安全知识，介绍消防器材，以及日常工作内容。

（2）向消防员提出自己最想了解的问题。

（3）消防员讲解和示范如何使用灭火器：拔保险销→握喷管→压把手→对准火源喷射。

（4）请消防员指导学生进行实战演练，并进行点评。

2. 集思广益，宣传消防。

（1）利用课余时间调查家庭备有家用消防设备的情况，并对调查结果进行整理。

（2）利用手抄报，将自己了解的消防知识和活动体验展示出来，让更多的人了解消防知识和消防员工作，提高防火自救意识及能力。

（3）开展消防知识讲座，宣传不同情况下的自救方法。

①如果是校园内发生火灾，首先要冷静，不能慌乱，应当以最快的速度有秩序地逃离到安全区域；②如果是街上发生火灾，应当立即拨打

119报警，并尽快离开危险区；③如果是家中发生火灾，又没有大人在家，首先要报警，接着向外面大声呼救，向周边的邻居、路人求助。

▶ 活动建议

1. 本活动建议分两个阶段完成。第一阶段让学生了解消防员的工作以及火灾发生的原因，初步了解消防知识。通过组织学生参与消防演练，知道如何应对已发生的火灾，认识一些常见的消防设备。第二阶段带领学生走进消防中队，了解消防员的职业特点，获得积极的价值体验，树立正确观念，培养职业兴趣。

2. 本次活动要注意处理好职业体验活动认知与实践的关系，不能停留在单纯的知识传授层面，要创造条件，带领学生在真实情境中开展活动，拓展认知，并且尽可能让更多学生参与到实践活动中。如在活动一找一找生活中的消防标识，让学生知道消防在生活中无处不在。活动二还要带领学生走进消防队，亲身体验那些消防装备。这就需要教师在活动之前积极协调，整合教育资源，设计新颖的体验活动，调动学生多种感官参与，鼓励学生自主实践，增强社会参与意识。

3. 让学生以实岗体验的方式了解消防、预防火灾在现实生活中是非常必要的。“安全重于泰山，预防胜于一切”，让学生在实践中认识到火灾的危害，了解一些消防知识，提高消防安全意识，在生活中有着重大意义。本活动的开展，也能让学生体验到消防员的奉献精神。

（本案例设计：张兴明）

案例二　我是“一日校长”

▶ 活动背景

校长是学生生活中近距离接触的职位之一，对学生的成长教育起着举足轻重的作用。本活动针对学生的年龄特点，围绕校长岗位职责，设计不同的岗位进行体验活动，帮助学生获得对该职位的真切认知，培养主人翁意识、管理意识和服务意识，同时挖掘学生特长。

▶ 目标与价值

1. 引导和帮助学生围绕校长这一岗位进行实岗体验，培养管理服务能力，提高综合素质。

2. 组织形式上，强调集体体验；体验角度上，倡导自我体验和换位体验。

3. 引导学生参与学校的相关管理工作，打通学生与学校有效交流的渠道，构建双方精准的信息反馈体系，培养学生的职业认知，锻炼领导能力，提高综合素质，实现学生的自我管理和评价。

▶ 活动准备

学生：通过访谈、查找资料等方式了解学校的基本信息。

教师：①搜集学校宣传片，撰写学校简介，制作 PPT，向学生介绍学校的发展轨迹。②整理毕业生资料，了解本校历届毕业生在各自行业取得的成绩。③联系各部门负责人向学生介绍部门职能及近期事务，指导学生进行岗位体验。

▶ 活动过程

活动一　讨论与交流

（一）问题

1. 你了解学校的发展历史和办学特色吗？

2. 你眼中的校长是怎样的？

（二）步骤

1. 信息交流。

（1）你知道有关学校的哪些信息？（如创办时间、校名来历、校址变化、办学理念、历任校长和教职工信息、毕业生成就等。）

（2）你的亲友中，有没有你的校友？他们对学校有什么看法？

（3）在学校里，你经历了哪些难忘的活动？获得了哪些重要的启迪？

2. 话题讨论。

（1）你接触过校长吗？你们之间发生过什么小故事？你对校长有哪些印象？

（2）在你的心目中，校长应该是什么样的？他（她）应该为学生做哪些事情？

活动二　我们来实践

（一）问题

1. 校长要负责哪些事务？

2. 校长要具备哪些素质？

（二）步骤

1. 加深对学校的了解。

（1）通过参观校史陈列室、记录学校标语、走访毕业生等了解学校的办学情况。

（2）教师利用 PPT 和宣传片介绍学校。

2. 了解学校各部门职能。

（1）分组走访学校教导处、教科室、少先队队室、总务处、会计室等各部门，了解它们的职能分工、近期事务，以及学校的章程制度，并做相应的记录。

（2）选出四名学生代表体验校长助理岗位，跟随校长处理一天事务，了解校长的工作内容。

（3）教师指导学生做好过程性资料的记录和保存工作，并让学生撰写各自的体验日记。

3. 模拟体验。

（1）学生分角色扮演校长和学校各部门负责人，设置问题进行模拟演练。如果你是校长，将如何处理以下事务：校园的美化布置；校本课程的开设；校内发生的伤害事故；教具或公用设施损坏；食堂就餐纪律；消防演练组织……

（2）安排每组学生用一周的时间跟岗实习，可以让学生参加学校的行政会、部门协调会。实习中，学生可以发表自己的见解，并能够了解学校形成的相关解决方案。

（3）组织学生对自己的实践活动进行评价总结，并形成书面资料。

4. 讨论交流。

（1）交流自己在实习校长岗位时的感受。

（2）班内讨论：你认为校长应当具备哪些素质？

教师引导学生根据前期的实岗体验和模拟演练活动，以及个人经历，从各个方面展开讨论，最好结合实例来发表看法，这样更有说服力。

（3）学校里，除了班主任负责班级管理，还有哪些部门为学生成长贡献了力量？校长在其中起到了什么样的作用？学生进行讨论。

活动三　拓展与延伸

（一）问题

1. 办学以来，学校取得了哪些荣誉？

2. 如果通过书信向毕业生介绍学校的发展，你会怎么写？

（二）步骤

1. 为学校喝彩。

通过网络、文献搜集资料，查阅本校办学以来取得的荣誉，以适当形式向全校进行展示。

2. 给校友写信。

（1）校庆纪念日到了，学校将举办系列活动，你有什么建议？

（2）请你以在校学生的名义，选择一位校友，给他（她）写一封信。可以汇报学校目前的办学情况，也可以邀请校友来校介绍成长故事。

3. 为学校的未来发展提建议、做规划。

▶ 活动建议

1. 本活动建议分三阶段完成。第一阶段，交流课前通过访谈、查找资料等方式了解的学校基本信息，说说自己对学校和校长的看法。第二阶段，采用走访的方式，了解学校各部门以及校长的日常工作内容，实岗体验，了解校长应具备的素质。第三阶段，了解学校所取得的荣誉，对学校的未来进行规划。

2. 体验活动应当尽可能让更多学生参与其中，在过程中注意发掘学生的特长。除了指导学生做好活动记录，做好关于学校历史、办学特色的调查，还要组织学生对调查到的内容进行讨论。对学校未来的规划也应该如此，让学生既是行动者，又是评价者。评价的标准和方式也要多元化，注重开放性、发展性。

3. 校长虽然离学生很近，但岗位的具体职责学生并不清楚，尤其是规模较大的学校。因此必须有选择地让学生了解并参与到学校的具体事务中，只有真切感知了校长需要处理的具体事务，才能激发出学生的主人翁意识，学生才会更加高效地参与实践活动。

（本案例设计：周海军　张兴明）

案例三　我是图书管理员

▶ 活动背景

校园图书馆是学校的有机组成部分，被誉为学生的“第二课堂”。带领学生走进图书馆、体验图书借阅流程，既是图书馆开展读者服务的需要，也有利于培养学生对图书馆的亲近感。学生通过进行图书管理员的岗位体验，可以进一步了解学校图书管理的方法要求，增强服务意识，锻炼服务能力。

▶ 目标与价值

1. 指导学生了解图书分类与管理的相关知识。

2. 培养学生良好的借阅习惯，懂得珍惜图书，激发学生的读书兴趣。

3. 通过参与图书管理、设计制作读书卡、了解名人读书趣闻等实践活动，培养学生策划、组织、管理以及团队合作的能力。

▶ 活动准备

学生：①去学校图书馆借一本书，并观察馆内图书的摆放方式，通过照片或文字记录过程。②了解家庭藏书情况，整理自己的图书清单。

教师：①了解学校图书馆的成立、发展过程及现状，学习图书分类知识，制作 PPT。②联系学校图书馆安排学生的进馆体验活动，或请管理员进班讲解指导。③调查了解学生的阅读情况，确定推荐书目。

▶ 活动过程

活动一　讨论与交流

（一）问题

1. 你是否会整理自己的图书？

2. 你在学校图书馆借过书吗，借阅过程中有哪些发现？

（二）步骤

1. 学生交流平时如何整理自己的图书。（如：按照内容、作者、来源、出版社等分类整理）

2. 了解学校图书馆和图书分类知识。

（1）教师利用 PPT 介绍学校图书馆的成立、发展过程及现状。

（2）学生交流图书借阅的经历，以及馆内图书分类的方法。

教师先鼓励学生分享自己的体验和发现，再适时地补充与图书分类有关的专业知识，帮助学生科学系统地了解图书分类。

活动二　我们来实践

（一）问题

1. 图书馆内的布局是怎样的？

2. 图书管理员有哪些具体职责？

（二）步骤

1. 参观学习。

（1）跟随图书管理员有序地参观图书馆，了解布局设置。

（2）了解图书馆管理制度，学会正确借阅，懂得爱护图书。

（3）了解馆内图书摆放要求，对照书脊、图书扉页的标签，了解其代表的含义。

（4）请管理员讲解和示范新书登记、图书借阅的操作流程，以及破损图书的修补方法。

2. 模拟演练。

（1）尝试按照书架号、分类号，将图书放到指定位置。

（2）分组竞赛，比一比，看谁最快找到图书。

（3）学生分组分角色模拟图书整理、借阅等工作。

（4）学生交流自己的体验感受或者有疑问的地方。

3. 反思与评价。

活动三　拓展与延伸

（一）问题

1. 如何管理好自己班的图书？

2. 如何策划开展班级读书活动？

（二）步骤

1. 主题引入。

（1）学生分享自己搜集的名人读书趣闻，展示自己的读书清单，并向同学推荐一本书。

（2）读书对一个人的成长很重要，书是人进步的阶梯，同学们能不能自己动手建个班级图书馆？学生讨论交流如何建班级图书馆，要建一个什么样的班级图书馆。

（3）同学们的家中也有不少图书，能不能也按学到的方法进行管理？请学生说一说怎样管理家中的图书，怎样给家中的图书分类。

2. 活动策划。

（1）班级建立了图书角，需要推选图书管理员，做好图书保管、借阅登记、整理和修补工作，同学们有什么建议和打算？学生分组讨论，策划开展班级读书活动。

（2）用学会的方法整理家中藏书，制订家庭读书计划，确立读书篇目和时间。

3. 成果分享。

（1）学生在班内展示阅读时做的读书笔记和卡片。

（2）为自己的班级图书馆进行一次宣传，可以用海报、手抄报、小视频等多种形式。

4. 向学校提议，选拔学生参与学校图书室管理。

▶ 活动建议

1. 本活动建议分三个阶段完成。第一阶段，讨论各自借还图书的经历，初步了解图书的分类方法。第二阶段，了解图书管理的基本流程、图书管理员的具体职责及一般工作方法，体验图书管理员岗位，明白图书管理需要的是科学的方法、负责任的态度。第三阶段，将图书管理知识运用到班级和家庭中。

2. 该体验设计了双线活动。一是在图书馆的实践，了解图书整理、借阅、修补的流程，侧重于方法指导。同时引导学生感受图书管理员的辛苦，自觉按要求借阅并爱护图书。二是从学校往家庭延伸，激发阅读兴趣，将学到的知识应用于实际生活。教师要引导学生关注和记录过程性资料，并发掘学生特长，推荐能力强的学生定期走进图书室，为全校学生服务。

3. 在学校，图书馆被称为“第二课堂”。该活动的亮点在于，一方面让学生有机会去亲近图书，体验图书管理员工作；另一方面，还让学生进行相关的阅读调查，制作 PPT 向同学推荐阅读书目。这些实践活动增强了学生管理、策划、团队合作等方面的能力。

（本案例设计：周海军　张兴明）

第六章

综合实践活动指导案例选

综合实践活动课程强调以学生的亲历为主，鼓励学生超越学科的逻辑体系，转变学习方式，综合运用学科知识，自主选择探究课题，发现问题，培养创新精神和实践能力，增强社会责任感，满足个性发展的需要，树立正确的人生观、价值观、世界观。

生成活动主题是学生在对某个事物、某种自然现象、某种习俗产生浓厚兴趣的基础上提出问题，并根据自身发展的需要，将问题进行筛选、合并转换为主题的过程。

活动方式关注学生的探究能力和搜集、利用、处理信息的能力，对于改变学生传统的学习习惯和方式、开拓学习领域具有重要的作用。

活动成果展示是综合实践活动课程不可或缺的环节，不仅关注学生对活动主题的理解能力、关注学生学习方式的有效转变，还有助于提高学生的表达能力和文字提炼水平，促进知识的建构和综合素质的提升。

第一节　活动选题指导案例选

案例一　雾霾现象探秘

▶ 活动背景

选择恰当的主题是开展综合实践活动课程的第一步。综合实践活动选题的过程也是一个学习的过程，在这个过程中学生不仅可以选择一个有价值的主题，更重要的是这个主题的产生过程能促使学生更主动、更有效地参与主题探究的过程。如何开发、生成、确立活动主题，在综合实践活动课程实施中是一个重要的问题，下面将以“雾霾现象探秘”为例，指导学生如何从自然与生活中选择和确定综合实践活动主题。

▶ 目标与价值

1. 让学生学会生成活动主题的方法，以自然、生活为切入点，生成多元的活动主题。

2. 让学生学会筛选、整合问题的方法，形成有价值、可操作的活动主题。

3. 引导学生在与大自然的接触中获得丰富的实践经验，提升对自然的整体认识。

4. 引导学生从环境保护角度去发现问题，培养学生价值体认、责任担当、问题解决、创意物化等方面的意识和能力。

▶ 活动准备

学生：①走进自然，观察生活，用图片或者视频记录下雾霾中人们的生活场景。②通过资料收集、了解雾霾的相关知识。

教师：①收集雾霾笼罩下人们生活的图片、视频以及相关资料。②和学生同步了解关于雾霾的知识。

▶ 活动过程

活动一　创设情境，确立主题

（一）问题

1. 活动主题从哪里来？

2. 如何筛选、整合活动问题？

3. 如何表述活动的主题？

（二）步骤

1. 创设情境，引出话题。

（1）课件展示雾霾的相关资料，引导学生聚焦雾霾。

雾霾，雾霾天气作为一种大气污染状态，是对大气中各种悬浮颗粒物含量超标的笼统表述，尤其是PM2.5（空气动力学当量直径小于等于2.5微米的颗粒物）被认为是造成雾霾天气的元凶。中国不少地区把阴霾天气现象并入雾一起作为灾害性天气预警预报，统称为“雾霾天气”。2013年，“雾霾”成为年度关键词。这一年的一月，我国许多地区出现了严重雾霾天气，据统计，北京这个月里有26天是雾霾天。

（2）引导学生讨论。关于雾霾，大家了解多少呢？组织学生将自己活动前搜集的资料，以文字、图片、视频等方式呈现出来，交流自己对雾霾的认识。

（3）引出关注话题。自然环境对人的生活有重要意义，同学们要关注自然环境，从中选择并确定主题，开展综合实践活动。比如关于“雾霾”，同学们想研究些什么？

（4）小组协商，主题归类。在组长的带领下，运用“思维导图”将本组学生想研究的问题，用精要的词语写下来，并通过民主协商，确定数个研究主题。

2. 整合内容，主题分解。

（1）学习筛选、整理问题的方法一：随机选取一组学生的思维导图，相机指导学生筛选、整理问题或者主题的方法。即从文字上看，有重复的吗？（可以去掉重复的）从内容上看，有相似的吗？（可以将几个问题进行整合）

学生分组筛选、整理问题。在组长的带领下，按照筛选整理的方法，利用思维导图，整理出本组研究的问题。

（2）学习筛选、整理问题的方法二：随机选取一组学生的思维导图，相机指导学生问题是否具有可行性和可操作？出示小贴士。

什么样的问题具有价值？

①内容能反映学生现实生活，学生能自主解决。②研究成果能直接作用于学生生活，引起学生生活方式的变革。③研究过程能使学生获得积极的情感体验，综合能力能得到提升。

什么样的问题具有可行性？

①课题实施条件有保障，学校或者学校附近能提供问题研究的必要条件。②研究问题的切入口要适中，能取得较深入的成果。

学生再次筛选、整理问题。在组长的带领下，按照可行性和价值，用思维导图，筛选并整理出本组研究的问题。

（3）指导学生主题表达的形式。指导学生将研究的问题或者内容，转化为主题。怎样把问题转化为研究的主题呢？组织学生讨论。课件出示以下内容，让学生进行表述，并确定主题。

如何表述问题：

①雾霾是怎么形成的？

②为什么雾霾现象越来越严重？

③雾霾会诱发哪些疾病？

在全班学生讨论的基础上，将上述问题进行归纳，并确定出“雾霾现象探秘”的主题。

（4）围绕核心主题，适当分解，然后按其内在的逻辑将多个子主题结构化、序列化，从而形成层次清楚、相互关联的主题群，构成主题体系。

活动二　方案设计，细化主题

（一）问题

1. 研究方案怎么制订？

2. 采访问题如何设计？

3. 如何延伸出相关的新的主题？

（二）步骤

1. 范例引路，制订主题实施方案。

（1）出示样表让学生去模仿，小组合作完成本组小课题的研究方案。

表 6–1　小组课题研究方案样表

小课题名称	雾霾现象探秘	完成时间	12 月 28 日
研究人员	沈芷岩、李玉、张倩、吴桐	研究形式	访谈法
访谈提纲	1. 雾霾是怎么形成的？ 2. 雾霾会诱发哪些疾病？ 3. 为什么雾霾现象越来越严重？		
研究结果			
参考资料			

（2）交流展示小组制订的研究方案，对共性的问题进行指导。

（3）对主题表述的方式进行必要的指导。作为研究的小课题，还可以比较规范地表述，如“关于雾霾对呼吸危害的调查”或者“关于雾霾对呼吸危害的研究”“雾霾对呼吸的危害”等。

2. 讨论修改，完善主题实施方案。

（1）小组内讨论修改共性问题，以及主题的正确表述。

（2）交流修改后的方案，在师生、生生评析后，不断完善本组的方案。

3. 按照方案开展活动，完成研究报告，并与同学进行交流。

4. 新的活动主题的生成。在活动展开时往往会出现新问题，由新问题转化为相关联的新的活动主题。如由“雾霾现象探秘”活动生成新的活动主题“除霾在行动”。

活动三　适度拓展，自主选题

（一）问题

1. 活动的主题有哪些？

2. 活动主题的确立分哪几步？

（二）步骤

1. 了解活动主题的基本类型。

（1）自然主题。如“雾霾现象探秘”“垃圾污染现状及治理的研究”“大气污染的研究”等等。

（2）社会主题。如“家乡的变迁”“探秘传统节日”“关注二孩”等等。

（3）自我主题。如“安全自护我能行”“小学生零花钱使用的调查”“直面偶像”等等。

2. 范例引路，学会选题。

（1）出示下表，让学生自己拟题。

表 6-2　自主选题一览表

自然主题	社会主题	自我主题
落叶为何背朝天？	家乡传统文化的研究	穿出你的风采

（2）交流学生的自主选题。从可行性和可操作方面做进一步的指导。

3. 活动主题的产生。

产生主要方式有：教师给定某一个活动主题、学生在教师拟定的数个主题中选定一个主题、学生自定主题等。

▶ 活动建议

1. 本活动建议分三个阶段完成。第一阶段通过创设问题情境，引出讨论话题，引导学生选择并确定主题。第二阶段通过范例引路，指导学生制订小课题研究方案，然后让学生通过访谈学校师生、整理信息，完成研究报告，并组织学生交流各组的研究报告。引导学生为减少雾霾做出自己的贡献。第三阶段引导学生学习选题方法。

2. 在本次活动中，需要多次的小组交流、讨论，教师要进行有效的指导，不然就会出现“哑巴组”，学生不知道怎样交流，参与交流的人少；或者出现“吵闹组”，学生趁机讲闲话、嬉笑。怎样才能让学生积极思考，达到讨论、交流的有效与优质呢？教师要指导学生讨论、交流的方法。教师不妨让学生事先写好讨论、交流的稿子，再让学生讨论、交流，最后指定组长代表本组学生进行发言。教师需要注意的是讨论专题必须是让学生能有话可说、有理要辩的。讨论内容应该是精心策划、深思熟虑过的，而不是信手拈来、随随便便。

3. 综合实践活动课一般以主题为线索来进行，主题实践活动的魅力在于“一个为学生喜爱的主题，始终牵动着学生去完成各种活动，实现明确的目标”。因而选题是综合实践活动得以开展的第一步，也是最为关键和重要的一步。如何选择学生喜爱的活动主题呢？活动的主体是学生，必须聚焦学生，了解学生的活动需求。为了使活动较好地切合学生的实际需要和兴趣取向，教师不妨在每学期初，给本班的每个学生发一张《选题意向表》，请学生填写自己想开展的活动主题。教师收集学生的《选题意向表》，并对该表的内容进行分类、整合。由于这些主题来自学生，又经过学生的自主选择，相对比较集中，教师经过再一次整合，从而确定本班的活动主题。这样的一个个活动主题从学生中来，完成活动任务时又回到学生中去，因为是学生自己确定的主题，学生的研究兴趣也就高涨了。

（本案例设计：杨金珍）

案例二　QQ 与我们的生活

▶ 活动背景

“良好的开端是成功的一半”，活动主题的选择直接影响活动开展方向与质量。活动主题可以由教师引导学生通过观察与思考生活中的现象产生；也可以由教师通过创设问题情境，引导学生将问题转化为可操作的活动主题。“QQ 与我们的生活”这一主题，就是教师通过为学生创设与活动主题相关的情境，引起学生共鸣，引发学生的“头脑风暴”，最终确定下来的活动主题。

▶ 目标与价值

1. 指导学生基于学习经验和兴趣爱好，从日常生活中选择探究课题或活动主题。

2. 了解 QQ 在生活、学习中的运用及 QQ 的常用功能，培养学生探索、发现问题的能力，使学生能对问题进行归纳、整理，生成研究小课题。

3. 通过活动培养学生合作、交流、分享的意识。

▶ 活动准备

学生：①了解并会使用 QQ 的一些基本功能。②准备记录问题的稿纸和研究活动计划表。

教师：①搜集 QQ 影响人们生活方式的图片、视频以及其他相关资料。②制作活动相关课件。

▶ 活动过程

活动一　一起来讨论

（一）问题

1.QQ 有哪些基本功能？

2.QQ 的利与弊有哪些？围绕 QQ 的利与弊可以提出什么样的问题？

（二）步骤

1. 联系生活，引出话题。

（1）创设问题情境，激发学生兴趣。

①课件出示音频：QQ 中特有的“敲门声”“咳嗽声”，同时出示 QQ 图标。②让多名同学介绍自己的真实姓名与网络昵称。③揭示本次活动主题——“QQ 与我们的生活”。

（2）请学生现场操作登录 QQ，并简单介绍登录 QQ 的步骤。

（3）组织学生交流 QQ 的功能。教师相机总结，课件出示 QQ 功能。

视频聊天、传送信息是 QQ 的主要功能，我们还可以通过它听音乐、看电影、写微博、写日志、了解天气及新闻等各种资讯。此外，我们可以用它进行直播教学、布置作业等等。

（4）组织学生讨论：QQ 为我们的学习、生活提供了便利，同时也带来了一些麻烦。结合自己了解的情况说一说：QQ 给生活带来了哪些烦恼？

教师播放因与陌生人用 QQ 聊天而上当受骗的案例视频，相机总结。

2. 思考利弊，填写框图。

（1）组织学生讨论，提出关于“QQ 的利与弊”讨论话题，出示讨论要求：

以小组为单位，围绕“QQ 的利与弊”进行讨论，各组的小组长将每个小组成员的想法记录下来，填写在“QQ 的利与弊”框图中。

（2）出示“QQ 的利与弊”框图，做简单的填写讲解。

图 6-1　QQ 的利与弊

（3）各组展开讨论，并做好记录。

活动二　我们来交流

（一）问题

1. 筛选整理问题的方法有哪些？

2. 什么样的问题有价值而且我们具备研究它的能力和条件？

3. 怎样将问题表述成研究活动主题？

（二）步骤

1. 组织交流，学习筛选整理问题的方法。

（1）各组依次讲解填写的“QQ 的利与弊”框图。

图 6-2　QQ 的利与弊

（2）小组根据“QQ 的利与弊”框图提出问题，并记录。选取一组比较典型的记录，向学生示范如何筛选、整理问题。如下所示：

1. 如何防止 QQ 号被盗？
2. 怎样不让 QQ 号被盗？
} 文意相同，删一留一

3. 如何正确使用 QQ，让它成为我们学习的小助手？
4. 怎样让 QQ 帮助我们学习？
} 内容相似，合并归一

5.QQ 密码能改变吗？ ⟶ 研究价值不大，删除

（3）总结筛选整理问题的方法，课件出示：

①从文字上看，有重复就删除留一。②从内容上看，有相似就合并归一。③问题要有价值、有意义，而且我们当前具备研究它的能力和条件。

（4）各组按照筛选、整理的方法，进行整合。

（5）各组交流整合后的问题。

2. 将问题转化为研究课题。

（1）表述的句式一般为陈述句。课件出示：

QQ 通信软件是谁开发的？
我国是什么时候开始使用 QQ 的？
} QQ 的历史

（2）规范的表述一般有以下几种。课件出示：

QQ 对小学生学习的影响

关于 QQ 对小学生学习影响的研究

关于 QQ 对小学生学习影响情况的调查

（3）以小组为单位，将本小组筛选出的问题转化成研究课题。

活动三　我们来策划

（一）问题

1. 选择什么样的研究方法？

2. 怎样制订活动计划？

（二）步骤

1. 示范引导，认识计划。

（1）引导学生讨论《研究活动计划样表》中的项目。

①让学生认识计划表中的项目：确定活动主题、选择研究方法、小组人员分工、预设困难和问题、预期研究成果等等。②学生根据研究主题的需要，自拟不同的计划项目。

表 6–3 研究活动计划表样表

研究小课题	关于 QQ 对小学生学习影响情况的调查	
组长	周杰	
组员	王雨泽、朱明轩、李诗雨、丁玲玲	
研究方法	1. 上网搜索资料 （√）	
	2. 图书馆查阅资料 （ ）	
	3. 调查问卷 （√）	
	4. 随机采访 （√）	
	5. 实地考察 （ ）	
	6. 亲自实验 （ ）	
	7. 其他：__________	
组内分工	活动任务	人员
	搜集、整理资料	王雨泽
	随机采访	李诗雨
	摄影、录像	朱明轩
	撰写小论文（或调查报告）	周杰
	手抄报等	丁玲玲
研究中可能遇到的问题	1. 学生拒绝采访 （ ） 2. 小论文不会写 （√） 3. 家长不支持 （ ） 4. 其他：__________	
预期成果展示形式	1. 小论文 （√） 2. 手抄报 （√） 3. 采访录像 （√） 4. 照片 （√） 5. 其他：调查问卷	

（注：在括号后打“√”，或在横线处进行补充）

（2）以“关于QQ对小学生学习影响情况的调查”为主题，指导学生填写表格。

2. 小组讨论，制订计划。

（1）讨论研究方法，进行合理分工，制订研究计划。

（2）各小组交流活动计划表。

（3）各组调整、完善并填写本组的活动计划。

3. 课堂小结，活动延伸。

（1）活动总结，生成新的课题。

（2）统筹安排，自主开展研究活动。

▶ 活动建议

1. 本活动建议两课时完成。联系学生生活，引出讨论话题。引导学生讨论并筛选出有价值而且有条件和能力研究的问题，举例示范如何将问题转化成主题。根据确立的主题再讨论，如填写研究活动计划表，并指导各小组同学相互协作共同完成计划表。

2. 在本次活动中，教师要及时对小组的分工做出评价。分工合理可以对有效开展活动起到事半功倍的作用。

3. 引入思维导图，从简单思维导图结构开始，让学生有初步的感性认识。本次活动的重点是如何选择活动主题、制订研究活动的计划。

（本案例设计：田晓玲）

案例三　和毒品说“NO!”

▶ 活动背景

毒品曾给我国带来过巨大的伤害，鸦片带来的沉重灾难让人不忍再视。今天，毒品不仅种类翻新、药效递增，而且伪装形式各种各样，悄无声息地危害着人们的生命，比如新型“LSD ”毒品，虽然看起来就像小小的“邮票”，但毒性强，而且极易使用。最令人痛心的是，以往的缉毒案中，吸毒的有未成年人，但贩毒的多是成年人，而在“第三代毒品”破获案中，发现贩毒的主力居然成了“00 后”，并在同龄人中进行传播、售卖。以“和毒品说‘NO！’”为例，指导学生如何从社会生活中选择和确定综合实践活动的主题，开展实践活动。

▶ 目标与价值

1. 锻炼学生查找、搜集、整理资料和处理信息的能力；培养学生发现问题，并将问题转化为活动选题的能力；提高学生的小组合作意识及水平。

2. 引导学生了解毒品及其严重危害，探究青少年染上毒品的原因，从中吸取经验教训，从而更好地拒毒防毒。

3. 强化禁毒意识，为了自己和家人的安危，为了祖国和人民的利益，自觉自发地为禁毒做宣传。

▶ 活动准备

学生：①了解毒品的基本特征和种类。②了解毒品的危害，以及毒品让人沉迷的原因。③查阅和搜集与毒品有关的资料，如新闻及相关图片、法律法规等。④寻访周围的亲朋好友，调查他们对于毒品的了解和看法。

教师：①收集有关吸毒危害的照片以及相关新闻。②收集防毒、禁毒的相关知识。③学习选题指导、探究方法指导等相关知识。

▶ 活动过程

活动一　讨论与思考

（一）问题

如何筛选、整合活动问题？

（二）步骤

1. 创设情境，引出活动课题。

（1）PPT 展示近年与毒品相关的新闻照片资料，引导学生关注毒品，了解毒品以及它带来的巨大危害。

（2）交流感受。引导学生交流对毒品的了解与认识。

（3）揭示活动主题——“和毒品说‘NO！’”。

2. 分组讨论，分解研究内容。

（1）出示讨论主题：关于毒品，你想了解哪些方面？

（2）分组讨论，组长记下小组成员的发言内容。

（3）分组汇报，教师利用思维导图，相机进行主题分解。并指导学生将问题合并、归类。

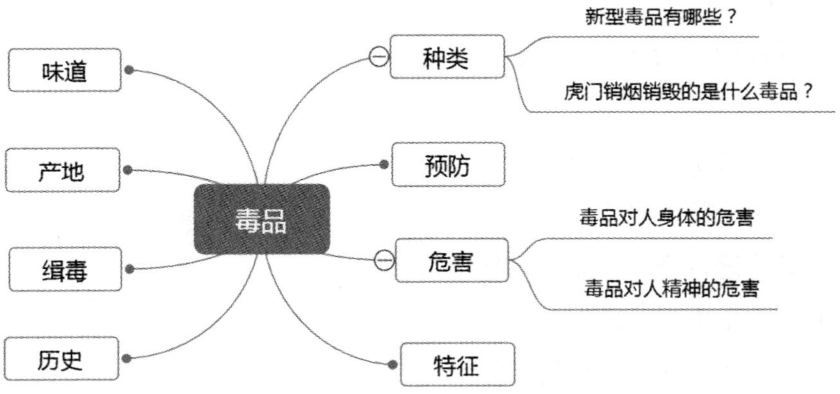

图 6-3　毒品的相关主题分解

（4）指导学生主题表达的形式。课件出示研究主题的表述：

①毒品种类的研究；②吸毒人员越来越低龄化的原因；③毒品的危害；……

（5）各组选择研究主题。

（6）在小组选择研究主题时，教师相机指导学生选题注意点。

①出示小贴士。

研究主题的可行性：

1. 课题实施条件有保障，学校能提供问题研究的必要条件；

2. 研究问题的切入口要适中，能取得较深入的成果。

②讨论本次研究主题中哪些是不可行的，或者是没有可操作性的。

③教师在学生讨论交流中，相机指导："毒品的味道"这个研究主题，没有可行性，也没有操作性，更没有研究价值，既然是毒品，就无须知道味道。

3. 制订计划，明确各自分工。

（1）出示计划表（参见本书第 214 页表 6–3），简单讲解。

（2）分组制订研究计划。

活动二　展示与分享

（一）问题

怎样评价、完善研究计划？

（二）步骤

1. 各组展示交流研究计划。

2. 生生、师生评价，提出建议。

3. 各组进行修改、完善研究计划。

4. 组织学生观看禁毒纪录片《中华之剑》。

（1）为研究活动创设氛围。

（2）让学生了解毒品，知道毒品的危害，做到拒毒防毒，并力所能及地宣传禁毒。

5. 教师总结：课余按照计划开展研究活动。

▶ 活动建议

1. 本活动建议两课时完成。第一课时通过创设情境引起学生关注，引出课题。在教师的指导下，学习如何生成研究小课题，并选择合适的研究方法，制订研究计划。第二课时，组织交流，进一步完善计划。在此基础上，播放禁毒宣传片，为研究活动创设氛围，同时让学生明白必须与毒品说"NO！"。

2. 在选题指导阶段，教师要着力指导学生如何生成有价值的问题，以及如何规范地表达问题。

（本案例设计：戴晓琳）

第二节　活动方法指导案例选

案例一　家乡的桥

▶ 活动背景

小组合作是综合实践活动常用的一种活动方式。现在有些学生平时喜欢以自我为中心，合作意识比较淡薄，因此要注重对学生合作能力的培养，引导学生通过活动掌握一定的合作技巧，学会小组合作，学会进行明确的责任分工，能齐心合力共同完成任务。

▶ 目标与价值

1. 通过参与合作活动，使学生明确小组合作在综合实践活动过程中的重要性。

2. 通过人人参与、合理分工、有序合作，使学生善于发现自己的长处，并利用身边的资源和条件为小组活动任务的完成出力。

3. 通过活动培养学生互相学习、互相帮助的习惯，形成良好的合作氛围和竞争环境。

▶ 活动准备

活动前期组织学生分组开展主题为“家乡的桥”的实践活动。在前期实践的基础上，学生才能有自己的认识体会，为本次开展合作学习活动奠定基础。

▶ 活动过程

活动一 交流与讨论

（一）问题

1. 为什么进行小组合作？

2. 在小组合作中组长的职责是什么？

（二）步骤

1. 活动进展汇报。

（1）学生分组汇报“家乡的桥”研究活动情况。

（2）引导学生讨论：在研究“家乡的桥”活动中，同学们分成了五个小组，为什么要分小组研究？

（3）教师小结并相机出示：人多力量大，一起研讨有动力。

2. 讨论组长的职责。

（1）各小组的组长汇报自己在小组中的作用。

（2）讨论组长的职责。

（3）教师小结并相机出示：组长职责发挥得好，小组活动效率就高。

活动二 实践与探究

（一）问题

1. 为什么要强调团队精神？

2. 如何开展小组合作？

（二）步骤

1. 小游戏，大考验。

（1）说明游戏要求：在组长带领下，进行合作大考验，完成抢答题。抢答要求如下：

①每组推选出一名同学做主答手，其他同学组成智囊团。②主答手要先举手，主持人确认后方能答题，否则无效。③答题正确，奖励大拇指贴纸一个；答错，该组失去再答此题的权利。

（2）抢答开始。课件出示：

猜一猜图片的内容，即家乡的名桥。（依次出示的每张图片呈现的是某座桥的一个部分，最后组成一座完整的桥的图片）

（3）教师总结。如果单独看桥的某一部分似乎作用不大，但每一个部分对于一座桥来说都很重要，缺一不可。就像我们这个班集体，一个人的力量是有限的，但组合在一起就有无穷的力量。

（4）分享经验。清点每组的大拇指贴纸数量，请获得大拇指贴纸最多的小组介绍合作经验。相机出示：

安排合理，注意倾听，积极参与，服从指挥。

2. 分好工，大成功。

（1）小组成员分工，第二次合作。在猜一猜活动的基础上，做好明确具体的分工，让抢答有条不紊。出示下表：

表 6-4　分工表

小组成员及分工	组　长（　　）纪律监督员（　　）联络员（　　） 记录员（　　）资料保管员（　　）汇报员（　　）

（2）组长快速看一看表内的内容，有不清楚的地方及时提问。

（3）小组讨论填写，请一个小组说说分工的理由。

（4）教师小结：分工要尽量根据同学的特长而定。

（5）二轮抢答赛。

①在一分钟内完成连线题，答对一题得一个大拇指贴纸。

②清点大拇指贴纸数量，评出最佳合作小组，请优胜小组介绍经验。相机出示：

分工更具体、更明确、更合理，活动效率则更高。

3. 学会方法，再次分工合作。

（1）选择研究方法，第三次合作。在猜桥名的基础上增加难度，追问这些桥分别坐落在哪里、桥名的由来、有什么传说故事。

（2）写一写。想要深度了解这些桥，还要做进一步研究，针对自己想了解的内容，明确小组的活动主题。接下来，怎样根据活动主题选择获取资料的方式呢？出示表格：

表 6–5　活动方案

<table>
<tr><td rowspan="12">活动方法</td><td colspan="2">在可能用到的方法后面打“√”，也可补充其他方法</td><td>主要负责人</td></tr>
<tr><td rowspan="2">网络调查法</td><td>上网收集资料（　）</td><td></td></tr>
<tr><td>网上资料汇总整理（　）</td><td></td></tr>
<tr><td rowspan="2">问卷调查法</td><td>问卷设计、发放（　）</td><td></td></tr>
<tr><td>资料汇总、分析（　）</td><td></td></tr>
<tr><td colspan="2">采访（　）</td><td></td></tr>
<tr><td colspan="2">查阅书籍（　）</td><td></td></tr>
<tr><td colspan="2">参观调查（　）</td><td></td></tr>
<tr><td colspan="2">实验法（　）</td><td></td></tr>
<tr><td colspan="2">动手制作（　）</td><td></td></tr>
<tr><td colspan="2">其他方法：</td><td></td></tr>
</table>

（3）说一说。请某一组的同学交流分工的依据及优点。

（4）写一写。有了具体的活动方法，我们可以来安排具体的活动步骤了。

表 6–6　活动具体安排

序号	活动步骤及内容	时间安排

（5）请最快完成任务的小组评价小组合作情况。

4. 谈分享，说收获。

（1）通过今天的活动，同学们收获了什么？

（2）教师总结：有了活动方案，又学会了合理的合作和分工，相信同学们能更加顺利、有条理地进行活动，取得满意的成果。

▶ 活动建议

1. 本活动建议两课时完成。第一课时汇报前期小组合作研究课题的情况，让学生明白为什么要进行小组合作，以及组长的职责；第二课时通过几次游戏，让学生体验分工合作的重要性，让学生体会团队精神，学习分工合作。

2. 在小组活动过程中，活动前的分组非常关键。分组的成功与否，直接影响着小组活动的实效。由于学生的素质不是整齐划一的，活动中，教师千万不能采用按座位“划断”，或以生硬的“点将”之法将学生组成固定的小组，让固定的组长负责小组的活动、用教师安排的固定方法进行活动。这样的“三固定”会限制学生活动的自主权和选择权，极易引发合作时小组成员之间的冲突，造成合作伙伴之间出现分歧，部分学生出现依赖他人、偷懒等情况，加之学生间缺乏必要的训练与默契，当产生分歧时，矛盾便会不断激化。因此要注重进行小组的分工，比如不妨按照同智或异智分组、按选题分组、按性格分组等形式，使小组人员“不固定”，既照顾到智力水平相近的学生的协作研究，又能发挥水平较高学生的带动作用；学生既可以按老师提出的问题进行研究，也可以讨论他们弄不懂或特别想知道的问题，使学生活动的方式“不固定”、讨论的内容“不固定”。

（本案例设计：杨金珍）

案例二 学做小记者

▶ 活动背景

访谈法收集信息资料是通过研究者与被研究者面对面直接交谈的方式实现的，具有较好的灵活性和适应性。因此访谈法也是综合实践活动常用的一种方法。本案例通过“学做小记者”实例，让学生学习并掌握访谈法。

▶ 目标价值

1. 掌握采访的基本方法和要求，让学生在活动中学会与他人进行有效沟通。

2. 培养学生探索质疑、发现问题及解决问题的能力；培养学生收集信息、处理信息及动手实践的能力。

3. 充分发挥学生的主体作用，挖掘学生的内在潜能，增强学生的自信心和自豪感，培养团结协作、探究创新的精神。

▶ 活动准备

活动前期组织学生观看中央电视台《焦点访谈》节目，为本次访谈学习活动奠定基础。

▶ 活动过程

活动一 交流与讨论

（一）问题

1. 记者的职业特点是什么？

2. 记者采访之前需要做哪些准备工作？

3. 在采访别人时，需要注意些什么？

（二）步骤

1. 创设情境，引出课题。

（1）播放《焦点访谈》视频片段，引导学生思考：我们在探索研究中遇到困难时应该怎么做？

（2）学生小组内进行交流、讨论。

（3）在与学生的讨论交流中，引出常用的研究方法——“访谈法”。课件出示：

访谈法是采访人通过访谈活动以达到对某人、某事、某种现象深入了解的一种调查方法。它是一种有目的、个性化的交谈，是采访人通过与受访者口头谈话的方式从受访者那里搜集真实资料的研究方法。

（4）教师小结，揭示课题：“学做小记者”。

2. 方法介绍，学习技巧。

（1）出示话题，引导学生交流、讨论。课件出示：

①记者是什么样的？

②你最崇拜的记者是谁，为什么？

教师在学生讨论的基础上，总结并介绍记者的职业特点。出示课件：

记者职业的八大特性：形象的庄重性、嗅觉的敏感性、思想的上进性、作风的战斗性、工作的前沿性、文笔的快速性、追求的真实性、期望的开拓性。

（2）播放采访视频，引入采访情境。

课件播放课前搜集的著名访谈节目的视频片段。

小组交流观后感。

引导学生交流记者在采访之前做了哪些充分的准备？

教师概括总结，课件出示采访前的准备工作：

①确定采访主题；②拟定采访提纲；③了解被采访者背景；④带好采访工具；⑤提前预约等。

（3）再次引导学生讨论。播放视频：

视频内容：美国《60分钟》主持人采访音乐家马友友，事先了解到马友友每次坐飞机都买两张机票，其中一张是给他的大提琴的，就从两张机票展开他的采访活动。

学生观看视频后进行交流。

教师根据学生交流情况补充：人有个性差异，要想营造良好舒适的谈话氛围，就要抓好突破口，巧妙入手，比如闲聊、玩笑、从细节开始等。这种做法也被称作访谈预热方法。

（4）引导学生讨论——正式访谈时需要注意什么？

在学生讨论的基础上，教师课件出示：

正式访谈时的注意事项：①把握焦点，仔细聆听；②适时回应，交流核心；③在聆听中寻找契机。

活动二　实践与探究

（一）问题

1. 采访提纲怎么设计？

2. 有哪些采访技巧呢？

（二）步骤

1. 模拟演练。

（1）教师提供背景资料，课件出示：

材料一：如果你是奥运会记者，观看了开幕式全过程后，设计好受访对象，如在场的各国观众以及运动员等，进行采访。

材料二：中小学生的午餐问题一直备受大家关注，有些学校的午餐搭配比较简单，有些学校的午餐似乎品种不丰富。假如现在校长来到我们班，关于学生的午餐情况，你会采访他什么？

材料三：新型冠状病毒肺炎疫情引起了人们的广泛关注，人们都是怎样进行防护的？如果本市医院呼吸与危重症医学科主任来到你们班，你会采访他什么？

（2）学生自选资料，自由结合，拟好采访提纲。

表 6–7　采访提纲

采访对象		采访人员以及分工	
采访主题			
采访问题			

（3）学生分组，按照采访提纲进行模拟采访活动。

（4）选不同主题的小组汇报交流，教师点评。

2. 实岗体验。

（1）出示采访的要求：

以小组为单位开展一次采访活动，主题自定，采访学校里的一位教师，要记录采访情况，并完成以下的表格。

表 6–8　采访表

采访主题			
被采访人		小记者	
采访记录			
采访问题		被采访人回答	
采访活动小结：			

（2）学生分组进行采访。

（3）交流采访结果，相互进行评议。

（4）教师小结并归纳采访技巧，鼓励学生大胆与别人交流和沟通，在小课题研究中充分体现自己的价值。

▶ 活动建议

1. 本活动建议分三阶段完成。第一阶段通过创设问题情境，激发学生的活动兴趣，从话题讨论中了解采访前的准备以及正式访谈时的注意事项等。第二、三阶段通过指导学生拟定采访提纲、进行采访模拟以及实岗体验，让学生在实践中理解并掌握采访技巧，真正学会采访。

2. 对现在“00 后”的学生来说，他们从小生活在被各种电子产品包围的社会，就连平板电脑这种新潮设备，不少小学生也能很娴熟地进行操作。教师不妨充分利用这一点，指导学生将平板电脑应用于访谈活动中，利用其摄像功能，动态地、真实地记录所观察到的内容；还可运用语音录入软件，便利、快捷地记录下采访的内容，为撰写实地调查报告、活动交流添加视频、音频，增强报告的真实性、趣味性。

3. 考虑到学生外出访谈有较多的安全隐患，教师可充分利用网络资源，通过 QQ 或者微信进行访谈；如能借助智能手机、无线网络会更方便，可随时进行语音、视频访谈，还可以录音。

（本案例设计：杨金珍）

案例三　苹果削皮后为何变色

▶ 活动背景

在综合实践活动中学生需要自己去选题、自己去研究、自己去搜集和整理资料、自己去寻找问题的答案。他们可能会不适应这种学习方式，甚至感到茫然、不知所措。因此，在综合实践活动过程中，教师要突出研究方法的指导，通过“苹果削皮后为何变色”研究活动的开展，让学生能合理选择实验方式，设计一次有质量的实验，并能根据研究需要，采集实验数据，能运用表格、图表等方式呈现实验结论，能够较完整地撰写实验小报告。

▶ 目标与价值

1. 引导学生通过观察、实验、查阅资料，研究苹果变色的原因。

2. 让学生了解获取知识的多种途径，逐步掌握科学研究的基本方法，从而培养学生的探究和创新意识。

3. 面向学生整个的生活世界，引导学生带着问号在生活中学习、在生活中运用、在生活中积累经验，掌握相关的知识与技能。

4. 增强家庭责任感以及主人翁意识，激发学生自己发现一些生活小窍门的兴趣。

▶ 活动准备

学生：①在活动前，让学生观察削皮后的苹果颜色的变化。②准备四个苹果、一小勺盐、一小勺糖、一小瓶矿泉水、四个一次性塑料水杯、一把削皮刀、一把水果刀、几张标签纸。

教师：①准备导入情境的短片。②准备一只削了皮、变了色的苹果。③准备网卡以及笔记本电脑。

▶ 活动过程

活动一　交流与讨论

（一）问题

1. 在生活中发现一些不理解的现象，如何寻求答案？

2. 考察探究活动常用的方法有哪些？

（二）步骤

1. 创设问题情境。

（1）引导学生关注生活中水果、蔬菜削皮后变色的现象。展示生活中削皮后变色的蔬菜、水果的图片，并让学生亲眼观察削皮后变色的苹果，激发学生研究的兴趣。

（2）引导学生猜想苹果削皮后变色的原因，并进行小组交流。

（3）组织学生讨论如何验证自己的猜想。

2. 介绍研究方法。

（1）创设情境，引导学生交流常用的研究方法。

（2）在学生讨论的基础上，相机介绍常用的方法。

（3）引导学生选择恰当的研究方法。

活动二　实践与探究

（一）问题

1. 实验研究的一般流程是什么？

2. 怎样做对比实验？

3. 实验报告包括哪些内容？

（二）步骤

1. 介绍实验流程。

（1）课件出示实验研究的一般流程。

①实验设计。包括实验目的、实验内容、实验方法、实验用品、设计实验过程等。

②实验操作。严格按照实验设计进行，及时、准确地收集实验资料。

③整理实验资料，得出实验结论。

④分析实验结论。

⑤撰写实验报告。内容包括实验内容、用品、步骤、现象、数据分析、结论等。

（2）在考察探究活动中，实验方法通常用对比、对照实验。出示实验一和实验二的要求，并引导学生分组完成实验。

实验一：将苹果削皮后分成四块，其中三块分别放入盛有冷开水、糖水、盐水的杯中浸泡，一块直接暴露在空气中。进行观察，并填写观察表（一）。

表 6-9　观察表（一）

观察结果	A. 杯中用冷水浸泡的苹果，颜色变成________。	结论：
	B. 杯中用糖水浸泡的苹果，颜色变成________。	
	C. 杯中用盐水浸泡的苹果，颜色变成________。	
	D. 直接暴露在空气中的苹果，颜色变成________。	

实验二：准备三只苹果，一只苹果用盐在表皮上搓一下，然后洗掉再削苹果；一只苹果削皮后，在苹果表面滴几滴柠檬汁；一只苹果不做处理，直接放入盐水里浸泡，然后削皮。然后进行对比观察，做好记录，并填写观察表（二）。

表 6-10　观察表（二）

观察结果	A. 用盐在苹果表皮上搓过后削皮，30 分钟后颜色变化情况________________。	结论：
	B. 在削皮后的苹果表面滴柠檬汁，30 分钟后颜色变化情况________________。	
	C. 先把苹果放到盐水里，然后削皮，30 分钟后颜色变化情况________________。	

2. 展示交流。

（1）交流实验情况以及观察表的填写情况。

（2）师生评议。

3. 填写实验报告。

（1）出示实验报告样表，进行解析。

表 6–11　小课题实验报告

课题名称		实验时间	
实验人员		实验地点	
实验目的			
实验用品			
实验步骤			
实验现象、数据及分析			
实验结论			
指导教师意见			

（2）学生分组填写实验报告。

（3）教师选择一组实验报告进行点评，指出共性的不足之处。

（4）学生完善实验报告。

（5）研究方法进一步灵活运用。

▶ 活动建议

1. 本活动建议两课时完成。第一课时通过图片，激起学生对生活中的一些现象进行研究的兴趣，指导学生研究的方法。第二课时通过指导学生进行两次小实验，得出研究结果。

2. 建议将全班学生分成 AB 两组，A 组的学生进行实验一，B 组的学生进行实验二。既节约了时间，也能让实验的结果得以完整地呈现。此外，为了确保实验能够顺利进行，建议实验用品由教师统一准备，比如苹果品种的选择。有的品种的苹果变色不明显或变色速度慢，需要教师提前做好实验准备。

（本案例设计：杨金珍）

第三节　活动成果总结、展示指导案例选

案例一　走访民间艺人

▶ 活动背景

综合实践活动的成果展示是学生总结展示自己收获的过程，在实践活动中，学生的能力、情感、知识都得到了提升，这些都可以通过成果展示表现出来。成果展示也是学生体验成功的过程，既得到别人的肯定，也给别人提供借鉴。但是活动成果以什么方式来呈现、表达，存在着多种可能性，教师要对学生进行必要的指导。下面将以“走访民间艺人”为例，指导学生进行活动成果的筛选、整理以及选择成果展示的方式。

▶ 目标与价值

1. 指导学生学会按照一定的逻辑顺序将活动中获取的材料归类，并能结合研究主题的特点、小组成员的特长、兴趣，选择合适的展示方法。

2. 指导学生分工合作、有创意地将自己的实践成果呈现出来。

3. 让学生了解评价的内容、标准及方法，从而学会评价，提高学生的活动评价能力。

4. 引导学生熟悉社区的民间风俗，培养学生价值体认、责任担当的意识和能力，懂得爱惜、保护并传承民间技艺。

▶ 活动准备

学生：①通过收集、整理资料，了解民间艺人的相关情况。②学生分组走访民间艺人，用图片或者视频记录下走访的场景。

教师：①通过沟通，争取家长的支持与配合。②为活动成果展示提供多媒体设施的保障。③及时搜集整理学生活动中的精彩场景。

▶ 活动过程

活动一　整合资料，选择方式

（一）问题

1. 如何筛选、整合活动过程中收集的资料？

2. 如何选择成果展示形式？

（二）步骤

1. 活动回顾，创设成果展示情境。

（1）教师陈述前一个阶段活动情况：同学们分为走访富春茶点艺人组、走访扬州“三把刀”艺人组、走访扬州剪纸艺人组、走访扬州玉雕艺人组、走访扬州评话艺人组、走访扬州刺绣艺人组以及铜匠、捏面人、吹糖人等艺人组，走街串巷走访民间艺人，了解民间艺人的现状。

（2）课件出示每个小组的走访活动场景。

2. 小组内汇报，筛选展示的内容。

（1）小组内交流搜集的资料。

（2）以“走访富春茶点艺人组”为例，教师指导学生筛选、整理资料。

①课件出示活动的初步成果。

富春茶点制作技艺传承人徐永珍获得的各种荣誉的详细介绍；拜师学艺过程；年轻时参加各种竞赛获得的证书图片；绝活儿介绍；创新包子品种，改进包子的调味品；徐永珍的操作技艺表演视频；富春包子的海外故事；百年老店富春茶社发展的宣传画册。

②组织学生讨论上述材料中哪些是与主题相关的。

③在学生讨论时，教师相机删除部分材料，如下：

最终成果：富春茶点制作技艺传承人徐永珍获得的各种荣誉的详细介绍；拜师学艺过程；~~年轻时参加各种竞赛获得的证书图片；~~绝活儿介绍；创新包子品种，改进包子的调味品；徐永珍的操作技艺表演视频~~；~~

~~富春包子的海外故事；百年老店富春茶社发展的宣传画册~~。

④教师总结：首先要删掉与活动主题关系不大的内容，不管资料多么精美，或者故事怎么动人，都要删去。当然可以单独保存好，有兴趣的话以后拓展这方面的研究。

⑤各组讨论上述材料中重点展示的内容。

⑥交流讨论成果：以上材料跟艺人有关的很多，但是需要重点展示艺人的拜师学艺和绝活儿表演，其余的资料暂时不在本主题的成果展示范围内。至于富春包子的海外故事、百年老店富春茶社的发展与本主题关系不大，这些资料在本次展示中暂时不用。活动过程中组员的一些独特体验，比如日记、绘画作品等也可以展示出来。

（3）其他小组按照以上方法整理、筛选重点展示的内容。

3. 小组讨论成果展示的方式。

（1）组织学生讨论：成果展示的方式一般有哪些？

（2）在交流的基础上，课件出示成果展示方式。

①静态展示：a. 搜集的文本资料，如文字、图片资料；b. 过程性资料，如调查报告、展示资料集、体验日记、倡议书、建议书、感谢信等；c. 成果展，如作品展、摄影展、小报展等。

②动态展示：a. 讨论会、演讲会、辩论会；b. 技能操作，如炒菜、剪纸、制作模型；c. 现场表演，如表演京剧、相声、情景剧、诗歌朗诵等文艺节目。

③综合类展示：a. 制作 PPT 进行全方位展示；b. 多种展示方式并用等。

（3）小组根据资料，讨论展示方式。

①看现有的资料，确定重点和次重点的展示资料。②选择最有视觉冲击力的资料。③选择展示方式。

（4）初步讨论结果：①讲故事展示：富春茶点艺人拜师学艺。②现场表演展示：邀请艺人进行现场绝活儿表演。③ PPT 展示并解说：艺人创新包子品种，改进包子的调味品。

（5）教师建议：在本组展示过程中注意互动，可以考一考其他组的成员，可以通过抢答、竞赛这样的方式来激发其他小组对你们研究成果的兴趣。

4. 制订展示方案。

（1）组织学生讨论成果展示要素。

（2）学生交流时，教师相机利用思维导图，帮助学生了解成果展示的要素。

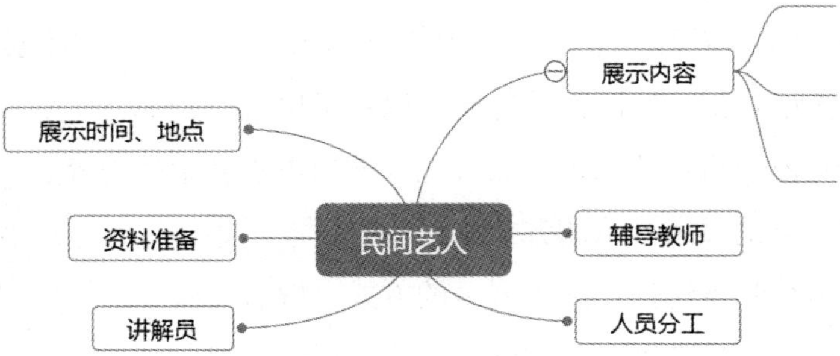

图 6–4 “走访民间艺人”成果展示要素

（3）各组制订成果展示方案，填写下表。

表 6–12 小组成果展示方案

展示时间		展示地点	
展示内容			
展示方式			
组员分工			
完成时间			

（4）各组交流，相互提出合理化意见或建议。

（5）各组完善成果展示方案。

活动二　多样展示，分享成果

（一）问题

如何确定在课内、课外展示的内容?

（二）步骤

1. 课堂展示，注重体验。

（1）各组将走访艺人的图片、视频等资料，通过各种形式向全班同学汇报。

（2）在学生展示过程中，教师要适时引导，让学生明白：①纸上得来终觉浅，绝知此事要躬行。②做好一件事情，不一定是一帆风顺的。③实地走访也是收集资料的好方法。

2. 课外展示，彰显价值。

（1）指导学生布展：①民间艺人风采展；②民间艺人作品展；③民间艺人传记展。

（2）指导学生做好在展示现场的讲解。

3. 拓展运用，勇于担当。

（1）指导学生将展示成果进行宣传与推广。

（2）巧手作坊，学做作品。

（3）作品展评。以自评和艺人评相结合的方式，进行综合评价。

▶ 活动建议

1. 本活动建议三课时完成。第一课时指导学生整理、筛选展示的内容，并选择展示的方式。第二、三课时指导学生按照展示方案进行多样化的展示。课外拓展活动中学生可以选择喜欢的艺人，学习其技艺，学做一件作品，如捏泥人、做纸花等。

2. 在成果交流展示前，教师应留给学生准备展示的时间，指导小组组长统筹安排的技巧，突出重点，全组合作，步调统一，制订好展示方案，这样交流展示才顺畅。

3. 在每一个小组交流展示结束后，教师要组织其他各组成员对其展示情况进行及时的点评，评价优点，提出建议，为后续小组的顺利交流展示提供借鉴。为了使成果的汇报交流更加有效，教师事先要对各组的汇报内容进行一定的摸底了解，为交流时引导学生进行客观合理的评价及进行针对性指导奠定基础。

（本案例设计：梅琳）

案例二　小鸡蛋，大学问

▶ 活动背景

考察探究活动过程可分为课题的确立与启动、计划与实施、总结和展示三个阶段，其中总结和展示阶段的主要任务是将最终的研究发现汇总起来得出结论，并以多种方式呈现，而后进行系统展示、欣赏、评价和反思，为以后的活动奠定坚实的基础。成果呈现以及展示的方式有很多，下面以“小鸡蛋，大学问”为例，组织学生以小论文的形式呈现研究成果，以论文交流会的形式进行展示，让学生在思维的碰撞中更好地分享研究成果。

▶ 目标与价值

1. 指导学生多途径地搜集信息，训练学生研究问题的意识，培养探究的精神。

2. 指导学生分工合作、用小论文的形式将自己探究和实践的结果表达出来。

3. 通过“小论文交流会”的展示方式，为学生提供一个开放的、个性表达的空间。

▶ 活动准备

学生：①收集鸡蛋的相关资料，充分了解鸡蛋的相关知识。②学生分组搜集资料，学会根据主题筛选、整理资料。

教师：①充分利用家长资源（如开养鸡场的家长、在家禽科学研究所工作的家长），为活动提供便利。②为活动的成果展示提供平台。③及时搜集整理学生活动中的精彩瞬间。

▶ 活动过程

活动一　整合资料，撰写论文

（一）问题

如何用小论文呈现活动成果？

（二）步骤

1. 创设成果展示的情境。

（1）教师陈述课题产生以及研究的情况。

①课题的产生：由“护蛋”体验活动，生成以“小鸡蛋，大学问”为主题的研究活动。②课题研究情况介绍。

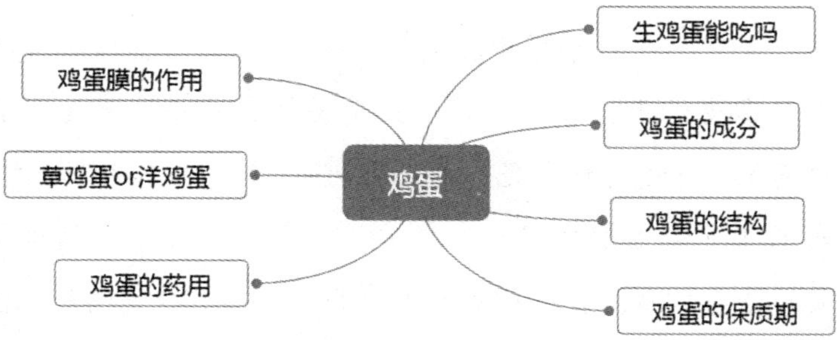

图 6–5　“小鸡蛋，大学问”主题研究思维导图

（2）课件出示研究小组活动场面。

2. 讨论考察探究活动成果呈现的形式。

（1）学生讨论交流。

（2）教师相机出示成果呈现形式。

资料呈现：①方案；②小报（手抄报、电子报）；③展板；④资料集；⑤课件；⑥过程记录（调查、走访、访谈等表格）；⑦活动总结。

操作呈现：①模型；②作品展示；③现场操作。

记忆呈现：①照片；②录音；③录像；④情景再现（表演）。

体验呈现：①成长记录；②主题演讲；③日记汇编；④研究报告；⑤小论文。

3. 学习小论文撰写的方法。

（1）了解小论文的特点，课件出示什么是小论文。

所谓"小"，是指论文短小精悍、简明扼要，不用长篇大论，不用面面俱到，说透一个概念、阐明一个问题、论证一个观点、介绍一种方法等即可。

（2）小论文撰写的过程。

定题目→备材料→拟提纲→动笔写→反复改

（3）小论文撰写的线索。

提出问题→分析问题→解决问题

（4）出示范文，指导学生学习论文撰写的技巧。

小蛋壳的启示（题目）

在日常生活中，你如果将一只鸡蛋握在手中，无论怎么捏，蛋壳也破不了。这是为什么呢？（提出问题）

我们从《学生万事问》一书中了解到，鸡蛋壳虽然很薄，但在含钙质的蛋壳里面，有一层带弹性的壳膜，具有很高的抗压能力。因此，一只手捏鸡蛋是很难捏破的。人们利用鸡蛋壳的抗压性和防震原理，设计出了特殊的抗震房屋，这种房屋即使遭受强烈的地震也不致倒塌或发生危及生命的严重破坏。假如屋里储存着氧气、水以及食物，能容纳 7 个人在里面生存一个星期。（分析问题）

不少建筑师模仿蛋壳的“薄壳结构”建造了体育馆、杂技场、剧场等一些大型建筑物，这样的建筑物不但看不到横梁与柱子，而且轻便省料、美观大方、坚固耐压。如北京火车站大厅的屋顶、国家大剧院就是采用了“薄壳结构”。还有人设计了半个蛋壳状的“气泡屋”作为学校的校舍，有很好的抗震效果。

小蛋壳虽薄，但很坚固，它给人们带来很多启发，“蛋壳”原理被用于很多领域或场所为人类造福。（得出结论）

4. 各组仿照范文，完成研究小论文。

活动二　论文交流，分享成果

（一）问题

1. 如何开好小论文交流会？

2. 教师如何指导学生进行评价？

（二）步骤

1. 交流会前的准备。

（1）各小组推荐一名同学，组成小论文评析“专家评委团”。

①以《小蛋壳的启示》论文为例，培训小论文评析“专家评委团”。

②组织学生讨论，可以质疑或者提出什么问题？

③交流提问的主题。

④教师相机指导，要针对论文中的阐述进行提问，如这些问题：a.“薄壳结构”的建筑物最多能承受几级地震？b.“薄壳结构”的建筑有这么多的优点，为什么现在的房屋很少采用？c. 龙卷风对“薄壳结构”的建筑有没有影响？

（2）电脑随机排好交流顺序。

2. 学生进行小论文交流。

（1）小组代表宣读小论文。

（2）“专家评委团”提问，并评分。

表 6-13 小论文交流评分表

组别______________

评析内容	权重	评价标准	得分	质疑或提问
论文题目	15%	论文题目表述简洁明了。		
资料处理	25%	①资料来源具有权威性，资料归纳、整理得当； ②数据可靠，图表使用得当。		
论文表述	60%	①表述简洁，重点突出，层次清晰； ②论文中有自己的分析判断。		
总分合计				
评委签名				

（3）其他组的学生对自己感兴趣的地方进行提问。

3. 评选较好的小论文。

（1）“专家评委团”根据评分情况，推荐 2 篇较好的小论文，并说出推荐理由。

（2）“专家评委团”与教师合议，推荐 5 篇较好的小论文，授予“小小博士帽”。

4. 继续完善小论文。

（1）各组结合“专家评委团”以及老师的建议，完善小论文。

（2）教师鼓励各组将完善后的小论文向报社、杂志社、相关官方网站及微信平台投稿，与更多的同学分享成果。

▶ 活动建议

1. 本活动建议三课时完成。第一、二课时指导学生学习撰写研究性成果——小论文。第三课时通过举办小论文交流分享会，展示各组的研究成果，并评选出较好的小论文。

2. 在小论文交流会前，教师应留给学生讨论撰写小论文的时间。在交流前，指导学生如何评析小论文，尤其要鼓励学生敢于质疑，引导学生善于质疑，同时启发学生创新质疑，养成思考的习惯。为了小论文交流会更加有效，教师事先要对各组的小论文进行一定的摸底了解，为交流时引导学生客观合理评价及进行针对性指导奠定基础。

（本案例设计：戴晓琳）

案例三　扬州城墙复建的可行性研究

▶ 活动背景

扬州筑城的历史可以追溯到公元前 486 年吴王夫差修筑邗城；汉代吴王刘濞在邗城基础上筑广陵城；隋代以汉广陵城为基础修筑城池；唐初，扬州城称为子城；783 年，淮南节度使陈少游建罗城，至此形成了后世扬州城的基础；北宋时，在五代后周“周小城”的基础上扩建城墙，被称为“宋大城”；1951 年，苏北人民行政公署决定拆城筑路。如今，随着扬州经济实力的增强和旅游业的蓬勃发展，有必要探讨一下城墙复建的可行性，以期对扬州未来发展的定位、拓展城市发展空间和相关规划有所助益。今以“扬州城墙复建的可行性研究”为例，让学生学会用调查报告的形式呈现研究成果，并通过“调查报告展”分享研究的成果。

▶ 目标与价值

1. 引导学生了解扬州的筑城历史，分析研究扬州城墙复建的意义。

2. 通过活动让学生掌握成果呈现方式，学会选择合适的展示形式开展成果交流活动。

3. 通过活动培养学生热爱家乡、建设家乡的情感。

▶ 活动准备

学生：①通过资料收集，初步了解扬州的历史，尤其筑城的历史。

②通过扬州城墙复建的调查问卷，搜集数据。③通过实地考察，了解现有城墙的遗址。

教师：①与学生同步了解扬州的筑城历史。②组织学生就近去相关主管部门收集信息。

▶ 活动过程

活动一　展示与交流

（一）问题

1. 扬州现存城墙的遗址在哪里？

2. 有哪些调查报告撰写技巧？

（二）步骤

1. 创设成果交流的氛围。

（1）教师播放展示扬州城市风貌的视频，重点介绍 2006 年获得的“联合国人居环境奖”。

（2）教师出示扬州城墙遗址照片，陈述：扬州是一座古代文化与现代文明交相辉映的名城，曾经堪称城市建设的样板。扬州城墙于 20 世纪 50 年代拆除，目前仅存遗址。1996 年 11 月，扬州城遗址被列为全国重点文物保护单位。

教师继续陈述：李尧卿同学对古城复建非常感兴趣，由此产生了“扬州城墙复建的可行性研究”课题，并且历经了三个多月的研究。一起来看看她的研究历程吧！课件出示李尧卿同学的日记（节选）。

2017 年 9 月 3 日　星期日　天气：晴

两天的假期结束了，我在扬州城内游览了瘦西湖、东关街、花鸟市场，去了华懋购物中心，在我眺望远处的天空时，突然想到一个问题：扬州城墙哪里去了？我想从发掘扬州城墙的故事入手，将其作为自己研究的一个选题。

2017 年 10 月 3 日　星期二　天气：晴

这几天我骑自行车和步行，绕着扬州当年的古城墙范围走了好几圈，发现不少复建城墙占用的都是没有建筑物和文物古迹的地面，比较容易复建城墙。但是当年有些城墙拆除后，在城基上建了房子，复建难度大，可以用“棘手”来形容。

2017 年 11 月 22 日　星期三　天气：多云

今天我把最近的研究成果写成心得交给了老师，他提出了修改意见，建议并指导我撰写调查报告，以此来呈现研究成果。经过老师的指导，我也会写高大上的调查报告了！嘿嘿，高兴！

2. 学习调查报告的撰写方法。

（1）教师陈述：研究报告是课题研究成果的集中代表，也是对学生活动评价、鉴定的主要依据。常见的形式有实验报告、读书报告、调查报告等三种。刚才李尧卿同学说她学会了调查报告的规范写法，请她来给大家介绍吧！

（2）李尧卿同学介绍。

（3）教师总结，课件出示。

①课件出示调查报告包含的内容。

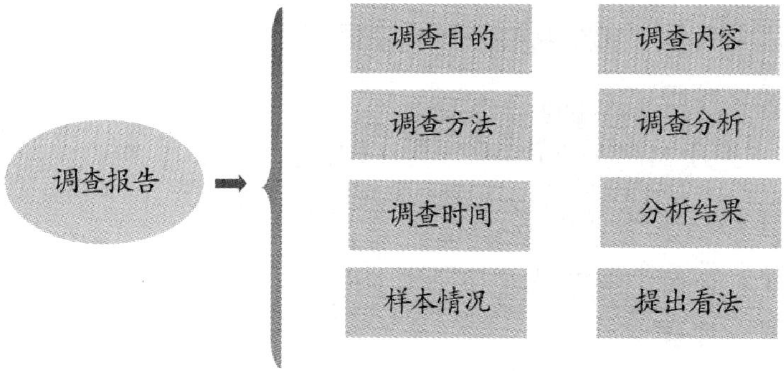

②出示调查报告常见的格式。

a. 表格式。出示表格：

表 6-14 关于______的调查报告

调查时间		调查地点	
调查对象		调查人员	
调查目的			
调查方法			
调查结论			
意见或建议			

b. 文字叙述式。出示范文：

做有教养的好孩子

——小学生家庭文明礼仪调查报告

一、调查背景

我国是文明古国，素有“礼仪之邦”的美称，人们往往把讲究礼貌、礼仪作为一个国家和民族文明程度的标志。我们小学生从小要讲究文明礼仪，并让文明礼仪成为我们的行为习惯。

二、调查时间

2019 年 3 月 11 日—2019 年 3 月 15 日。

三、调查地点

解放桥小学五年级一班。

四、调查对象

五年级一班 42 名同学。

五、调查目标和方法

调查目标：了解解放桥小学五年级一班学生的家庭文明礼仪情况。

调查方法：主要采取问卷的方式。

六、问卷汇总与分析

小学生家庭文明礼仪情况调查问卷情况汇总（略）

仔细分析调查结果中的数据，我们不难发现，班级中多数学生是注重家庭礼仪的。如外出主动与爸爸妈妈说明、主动关心父母的健康、帮忙做家务等。但是仍有一些情况不容乐观，比如主动收拾碗筷、热情招呼客人、与父母进行沟通等方面做得还不够，希望全班同学对此重视，努力做得更好，使自己在父母和长辈面前做到“讲文明、懂礼貌”。

七、具体建议

1. 建议班主任老师今后在班级中多开展一些家庭文明礼仪方面的主题实践活动。

2. 建议全班同学一起商议拟订“学生文明礼仪”规则，包括同学朋友间的礼仪、做客待客礼仪、称呼礼仪、交往礼仪等，并以倡议书的形式向大家进行宣传。

教师总结：文字叙述式的调查报告一般包括以下几个方面：调查背景、调查时间、调查地点、调查对象、调查目标和方法、问卷汇总与分析、具体建议等。

活动二　交流与评价

（一）问题

1. 撰写调查报告的注意事项有哪些？

2. 如何评价调查报告？

（二）步骤

1. 课件出示调查报告撰写的注意事项。

①注意科学性、真实性、新颖性。②善于运用图表来说明。③篇幅不宜过长。④语言要平实、准确、严谨、科学。⑤引用的资料要具有权威性、科学性、准确性。

2. 调查报告的展示交流。

（1）出示评分标准。

表 6–15　调查报告评分标准

内容及分数	评分标准	得分
标题（10 分）	准确，精练，概括性强。	
主体（30 分）	有明确的调查对象，结构合理，层次清楚，善用图表。	
方法（20 分）	调查方法准确，数据丰富可靠，分析方法准确。	
结论（20 分）	结论精练明确，专业性强，有现实意义。	
书写（5 分）	文字清楚，语句通顺，逻辑性强，讨论充分。	
文献（5 分）	参考文献书写符合规范要求。	
篇幅 (10 分）	不宜过长，3000 字左右。	

（2）李尧卿展示其撰写的《扬州城墙复建可行性调查报告》。

（3）分组对李尧卿同学的调查报告进行评议。

（4）师生对调查报告提出问题和建议，李尧卿同学进行答辩。

（5）各组对李尧卿同学的调查报告和答辩情况进行打分。

3. 活动总结。

▶ 活动建议

本活动建议两课时完成，第一课时学习调查报告的撰写方法，第二课时展示交流，并对调查报告进行评析。重点指导学生学习并掌握撰写成果呈现的形式之一——调查报告，学会采用成果展示的形式之一——调查报告展，分享研究成果。

（本案例设计：谢小石）

后　记

综合实践活动课程是国家课程，实施已经20年，但课程资源开发、课程实施样态、课程组织与实施、课程评价还没有形成真正的标准。2017年9月，教育部颁发《中小学综合实践活动课程指导纲要》，对其内涵做出重大调整。2018年9月，我国提出德智体美劳“五育并举”的教育方针，综合实践活动课程又站在了改革与发展的十字路口，何去何从面临新的实践与思考。

在长期教育实践中，综合实践活动课程案例似乎成了一线教师进行教学研究和教学改进不可或缺的资源。注重“知行合一”是改革开放以来首次明确提出的一个教育理念，它与综合实践活动的实践性特征和实践育人的功能定位相契合，由此也进一步凸显了综合实践活动课程在中小学课程体系中的重要地位，预示着一些新的发展取向。

2019年2月，中共中央、国务院印发《中国教育现代化2035》，更加注重以德为先，更加注重全面发展，更加注重面向人人，更加注重终身学习，更加注重因材施教，更加注重知行合一，更加注重融合发展，更加注重共建共享。面对现代社会日新月异的发展，综合实践活动课程案例以特有的教学样态和实施方式为同人提供了特色化的研究路径，为综合实践活动课程资源建设提供了个性化视角，为《中小学综合实践活动课程指导纲要》在教育实践中的有效落实探寻自己的表达，为综合实践活动课程有序推进做出了有益的教育尝试。

本书是多位教师在长期的中小学综合实践活动课程教学实践中一定的经验积累和再思考，在新时代全面贯彻党的教育方针、创造性落实《中小学综合实践活动课程指导纲要》背景下，既留存了各位老师的个性化教学理解，也赋予了案例新的教育理念和教学策略；既融通了学段差异及需求，也选择了不同资源的学科价值；既挖掘到每一案例所蕴含的价值体认目标，也凸显了其中所承载的责任担当意识；既强化技能、关注问题解决，也关注学生的创意物化表达；既注重以德为先，也关注学生的全面发展；既关注因材施教，更注重知行合一；既关注资源统整，也注重面向人人。实现融合发展，共享发展，从多维视角帮助学生理解生活、理解学习。

本书主要根据案例的基本特质进行系统建构，从案例认知、考察探究、社会服务、设计制作、职业体验、教学指导六个维度进行系统建构，从活动背景、目标与价值、活动准备、活动过程、活动建议五个方面，系统展示了每一个鲜活的案例，进一步明确了综合实践活动课程的性质与价值、核心理念在具体活动中呈现的应然样态。

由于每位老师的教学经验和学科背景存在差异，以及生活经验不同，本书观点和案例还有不足，有待各位同人在实践中不断改进和提升。